はじめに

行政事件訴訟法の改正（2005〔平…政裁判に大きな影響をもたらし、施…級審にいたるまでここ30年間には見…輩出している。

しかし、司法制度改革審議会意見…政法分野の改革は、残された課題が数多い。

日本弁護士連合会はこれらの残課題を第二次改革と位置づけ、主として内閣と国会宛に提言・要望を提出した（2004〔平成16〕年9月16日「行政諸法制の抜本的再検討と継続的監視・改善のための恒常的改革機関の設置に関する提言」、2005〔平成17〕年10月18日「行政法制度に関する第二次改革の要望書」）。また与党においても当連合会の提言・要望に呼応する形で、次のような提言を内閣に向けて発した（2004年9月3日国民と行政の関係を考える若手の会「『行政法制度等改革推進本部』設置を求める緊急提言」、同年11月8日公明党「行政法改革提言」、2005年1月28日自由民主党行政改革推進本部幹事会・司法制度調査会基本法制小委員会「行政法制度改革における改題と検討組織について」）。

そこで、日弁連行政訴訟センターでは二つの企画を日弁連として開催することを執行部に提起し実現した。

第一は政府、与党関係者を招いてのシンポジウムである。「行政サービス改革を求める緊急シンポジウム」と題し、2006（平成18）年8月8日、弁護士会館講堂クレオで開催された同シンポジウムは、日弁連が緊急におこなった国民の行政サービスニーズについてのアンケート分析のほか、日本を代表する有識者の方々に行政への要望を出していただき、これらに対し政府与党の方々に回答していただくという形をとった。

第二は野党を招いての懇談会である。全野党をお招きしたが、結果として民主党、日本共産党、社会民主党の三党国会議員が出席された懇談会が同年10月2日、日弁連会議室で開催され、有意義な意見交換がなされた。

本書は、この二つの企画の記録であり、日弁連が国民とともに冒頭に記載した諸課題実現をめざすための有意義な内容となっている。多くの方々にお読みいただき、日弁連の運動へのご理解をいただければ幸いである。

2007（平成19）年春
日本弁護士連合会行政訴訟センター
委員長　**斎藤　浩**

GENJINブックレット53
役所が変わる！日本が変わる!!
早い、分かりやすい、親切な行政を

目次

001　はじめに　斎藤　浩

004　行政サービス改革を求める緊急シンポジウム

役所が変わる！日本が変わる!!
早い、分かりやすい、親切な行政を

① シンポジウム開催の趣旨

005　司法改革の積み残し課題の実現を　平山　正剛　日本弁護士連合会会長
007　量の行政改革から質の行政改革へ　柴山　昌彦　衆議院議員

② 行政サービスに関する国民アンケート結果

009　2つのアンケートから見えてくるもの　越智　敏裕　弁護士

③ 各界からの問題提起

011　経済界からの問題提起
　　　──規制緩和と民活推進を（PFIの活用）　阿部　一正　新日本製鐵株式會社知的財産部長
015　消費者団体からの問題提起
　　　──消費者重視の社会のために　神田　敏子　全国消費者団体連絡会事務局長
017　まちづくりの現場からの問題提起
　　　──美しい国は美しい街から　稲垣　道子　都市計画コンサルタント・立教大学大学院法務研究科兼任講師
019　環境保護団体からの問題提起　草刈　秀紀　WWFジャパン自然保護室次長
022　日税連からの問題提起
　　　──税務行政の現場から　杉田　宗久　日本税理士会連合会常務理事・調査研究部長

④ 問題提起に対するコメント

025　行政サービスのスピード、
　　　わかりやすさを確保するために　世耕　弘成　参議院議員
028　行政手続・不服申立制度の動向　宮島　守男　総務省大臣官房参事官
029　日本では民間と官があまりにも分離している　牧原　秀樹　衆議院議員
031　課題にしっかりとコミットし根本から考える　柴山　昌彦　衆議院議員
034　政府・国会がその責任を果たしていくべき時期　早川　忠孝　衆議院議員
035　「早く、わかりやすく、親切に」という課題に
　　　応えきれる行政改革であるか　山口那津男　参議院議員
039　真の三権分立の確立を　世耕　弘成　参議院議員

⑤ シンポジウムの総括

040　法制面における改善方法の体系的提案の必要性　中川丈久　神戸大学大学院法学研究科教授

［日弁連との意見交換会参加議員からのコメント］
050　新しい時代にふさわしい行政法制度を　江田五月　参議院議員
052　さらなる行政改革の必要性　仁比聡平　参議院議員
054　行政訴訟の次なる改革に向けて　近藤正道　参議院議員

056　行政サービスに関するヤフーアンケート結果
059　行政不服申立制度に関するアンケート結果（中間報告）

役所が変わる！
日本が変わる!!

行政サービス改革を求める緊急シンポジウム

―― 早い、分かりやすい、親切な行政を

2006年8月8日開催弁護士会館クレオにて。出席者のプロフィールは48頁に収録しております。

問題提起者など

阿部　一正	新日本製鐵株式會社知的財産部長
神田　敏子	全国消費者団体連絡会事務局長
稲垣　道子	都市計画コンサルタント・立教大学大学院法務研究科兼任講師
草刈　秀紀	WWFジャパン自然保護室次長
杉田　宗久	日本税理士会連合会常務理事（調査研究部長）
中川　丈久	神戸大学大学院法学研究科教授

国会議員（問題提起に対するコメント）

柴山　昌彦	衆議院議員
世耕　弘成	参議院議員
早川　忠孝	衆議院議員
牧原　秀樹	衆議院議員
山口那津男	参議院議員

政府関係者（問題提起に対するコメント）

| 宮島　守男 | 総務省大臣官房参事官 |

司会

| 松倉　佳紀 | 日本弁護士連合会行政訴訟センター事務局長 |

司会　ただ今から、日本弁護士連合会主催のシンポジウム「行政サービス改革を求める緊急シンポジウム　役所が変わる！　日本が変わる!!」を開催いたします。

　まず冒頭に、会場の皆様に対しておわびを申し上げます。本日は、お配りした次第にあるとおり、安倍晋三内閣官房長官（当時）がこの場に出席され、お話をいただくという予定になっていたのですが、昨日の夜に急な公用が入ったため出席できないという連絡がありました。いろいろ調整はしたのですが、本日は出席されないということになりました。その点、冒頭におわび申し上げます。

1　シンポジウム開催の趣旨

司会　それでは、主催者を代表しまして、日本弁護士連合会の平山正剛会長より開会のあいさつを申し上げます。

司法改革の積み残し課題の実現を

平山正剛
Seigo hirayama
日本弁護士連合会会長

　このシンポにご参加いただきましたことを心から感謝を申し上げます。

　今年度の日弁連執行部の方針は、調和のとれた公平・公正な納得性の高い品格ある社会をつくろうというもので、その実現に向けて全力を傾けております。日弁連にとって物事の最終的な判断基準は2つあります。1つ目は民衆の利益を擁護すること。2つ目は、市民がこれまでの統治客体から脱し、統治主体として国づくりに参画するという精神にかなうのかどうかということです。その意味で、今日のシンポはまさにその双方にかなっています。

　目的について若干具体的に申し上げますと、司法制度改革審議会意見書に基づき改正された行政事件訴訟法が2005（平成17）年4月1日に施行されております。これは、その後に大変影響が出ました。最高裁判所大法廷から下級審の判決に至るまで、ここ30年間には見られなかった積極的な判例が出ております。司法制度改革は、その意味でこの分野で成功をおさめております。

　しかし、司法制度改革審議会意見書が求めた、司法の行政に対するチェック機能

の強化の点に鑑みますと、まだまだ多くの課題を残しています。そこで日弁連では、この課題を前に進めていくために基本方針を出しております。その一例を申し上げますと、我々は行政法制度改革に関する第二次改革と位置づけておりまして、2度にわたりまして、主として内閣と国に提言・要望を提出しました。1つは、2004（平成16）年9月16日に提出した「行政諸法制の抜本的再検討と継続的監視・改善のための恒常的改革機関の設置に関する提言」です。

2つ目は、2005（平成17）年10月18日に、「行政法制度に関する第二次改革の要望書」を提出しております。いずれも、行政法制度改革案は一官庁で行うのは困難であり、内閣主導でやっていただくほかはないと考えますので、その意味で提言を出しているわけであります。現在、例えば行政サービス有識者会議の設置などに向けまして、全力を挙げています。

司法制度改革審議会意見書を国民の声として、司法と行政の関連で残された課題の解決に全力を挙げる。これが市民のために絶対必要だと考えています。そこで、本日はユーザー代表として、阿部一正さん、神田敏子さん、稲垣道子さん、草刈秀紀さん、杉田宗久さんという方々にも問題提起をしていただこうと思っております。そして、本日は、主に、行政サービスの改革という点について、弁護士会だけでなく、賛同いただいた各界の方にもお出でいただきまして議論を深めたいと思います。特に申し上げたいのは、国会議員の中でもこの面で全力投球をしてやろうではないかという先生方もおられまして、後ほど質疑をさせていただこうと考えております。

なお、今、司会者が申し上げましたように、安倍官房長官もご出席いただくと聞いておりましたけれども、ご案内のように、本日は、橋本元総理のご葬儀のために、ここに駆けつけることはできないという実情にあるように思います。どうぞ、皆様にその点をご理解賜りたいと思います。

多数の各種団体の方に後援いただきまして、本当にありがとうございます。ぜひ、このシンポジウムを皮切りにして、もっともっと行政が市民に有益なサービスをしていただく、そのことが、この国の社会をもっともっといいものにする。そして、我々が掲げております調和のとれた公平・公正な納得性の高い社会になると確信いたしております。どうぞ、最後までこのシンポが成功いたしますようにご協力をいただきたいと思います。ありがとうございました。

司会　本日は、5名の国会議員が参加される予定になっております。この5名を

代表しまして、自由民主党の「国民と行政の関係を考える若手の会」事務局長の柴山昌彦衆議院議員にごあいさつをお願いいたします。

量の行政改革から質の行政改革へ

柴山昌彦
Masahiko Shibayama
衆議院議員（自由民主党）

　自民党の議員と学者・弁護士で作っている「国民と行政の関係を考える若手の会」という会があります。ともすると、行政府あるいは立法府に委ねていては、行政の改革、市民のための改革が前へ進まないという問題意識の下、若手の自民党の議員たちが、これを何とか前に進めようではないかということで結成をしたものでございます。座長が世耕弘成参議院議員ですが、本日は公務のために遅れて参る予定になっておりますので、事務局長を務めております私が、一言ごあいさつを申し上げます。

　先ほど平山会長からお話がございましたが、私たちも今般の行政事件訴訟法の改革にあたっては、様々な提言をしてまいりました。まだまだ不十分であるというお話もよく理解申し上げております。その中に「行政法制度改革における課題と検討組織について」（自由民主党行政改革推進本部幹事会・司法制度調査会基本法制小委員会、2005 年 1 月 28 日）というものがございます。

　日弁連の先生方のご指導をいただいて、今後、行政の質の改革をするにあたって必要な様々な項目をピックアップさせていただきました。これらの制度を、私たち議員としてこれから取り組んで進めていきたいと思っております。

　今通常国会では、様々な行政改革が提案され、また行政改革推進法によりまして、国家公務員の数を、例えば今後 5 年間で 5％以上純減させるとか、特別会計の統廃合によりまして、5 年間で 20 兆円の財政健全化を図るといった量の改革については、だいぶ道筋がついてまいりました。しかしながら、行政の質の改革、すなわち、「遅い」また、「なかなか手続がわかりにくい」「不親切だ」といった問題点をどうやって向上させていくか、また、「コスト意識というものを公務員の世界にしっかりと導入していくべきである」「行政評価もしっかりと行っていくべきではないか」などの、いわば質の改革の積み残しについて今後検討していかなければならないと感じている次第でございます。

　例えば、先程の提言の中に「準司法手続の充実・拡大の検討」ということが、今、

大変大きな課題になっているかと思います。国へ不服申立て制度について紹介しますと、2002年度には1万7,600件の不服申立てがあったのですけれども、結局認められたのはそのうちわずか18％。そして、結論まで6ヵ月以上かかった事例は35％に上っております。こうした実態をどう改善するかが大変重要でありまして、今、党内でも、その準司法手続の類型化を行って、それぞれについて改善のための検討を進めているところでございます。

　また、今日この後、行政ユーザーの皆様による問題提起等もございますし、また国民の緊急アンケートによりまして、様々な課題が浮き彫りになってくるかと思います。私も、今日のこのシンポジウムで得られました結果を、同僚の国会議員とともに真摯に受け止め、今後の活動に生かしていきたいと思っております。今日、参加させていただく国会議員は、私も含めて弁護士資格を持っている議員がほとんどでございます。本日のテーマは大変やりがいのある分野であると思っております。今後ともご指導をよろしくお願いいたします。

　なお、最後に一言付言して申し上げます。安倍内閣官房長官は、急きょ公務のため来られなくなりましたけれども、「国民と行政の関係を考える若手の会」の代表の世耕参議院議員がその意思を体した形でのごあいさつを、後ほどさせていただけると聞いておりますので、どうぞお聞きいただければと思います。本日のシンポジウムの成功を心から期待を申し上げ、またお集まりの皆様に心から感謝を申し上げます。

② 行政サービスに関する国民アンケート結果

司会　どうもありがとうございました。それでは、シンポジウムの本題に入っていきたいと思います。まず最初に、日弁連でごく最近、国民への行政に対する緊急アンケートを実施しました。その結果につきまして、日弁連行政訴訟センターの事務局長代行の越智敏裕弁護士から報告いたします。

2つのアンケートから見えてくるもの

越智敏裕
Toshihiro Ochi
弁護士

行政サービスに関するヤフーアンケート結果

　日弁連では、ヤフーのサービスを利用いたしまして、行政サービスに関するアンケート調査（本書56頁以下に収録）を実施いたしました。2006年7月21日から25日の間に実施し、回答数1,227件頂戴いたしております。回答者の職業別割合は、冒頭の図（本書56頁）のとおりでございます。アンケート項目自体にいろいろご意見はあると思いますが、アンケート結果をご紹介致します。例えば、Q1の行政サービスに関する問いに対して、対応に時間がかかりすぎると感じている方は、「時々ある」という方も含めますと、約6割となっております。また、手続に無駄な作業があると感じる方は、「常にある」、「時々ある」を合わせますと、これも約6割ということになっております。

　また、「Q2　それはどのような行政窓口で、どのような相談や申請をしたときでしたか」との問いに対して、約3,000件の具体的なご指摘を頂戴したわけですが、いくつかキーワードを挙げてみますと、「たらい回しになっている」、「遅い」、「非効率である」といったご指摘が多数ございました。また、具体的に分野をご指摘になったものにつきましては、その下に（本書57頁）まとめてあるとおりでございます。

　また、「Q3　行政サービスに不満や疑問を感じた事を、弁護士に相談しましたか」という問いに対しては、わずか1％の方が相談したことがあるというご回答でございました。

　さらに、「Q5　行政サービスに不満がある場合、不服の申立や裁判ができる場合があることを知っていますか」という問いかけに対しましては、約8割の方が、そもそもご存じないということでございました。

　では、「Q6　行政サービスを変えるにはどうすればよいと思いますか」という問いに対しては、数百件のご回答をいただいておりますが、主なものを申し上げますと、いくつかキーワードがありますが、意識改革が必要であるとか、あるいは監視、チェックといったものが必要だというご指摘がございます。

行政不服申立制度に関する弁護士アンケート結果

　日弁連において行政不服申立制度に関するアンケート（本書59頁以下に収録）も実施しております（2006年6月1日〜7月31日）。行政サービス改革の一分野でございますが、総務省で改正に向けた検討を進めておられるということで、これは弁護士向けでございますが、併せて調査をしております。これは、細かい調査になっておりますので、まだ中間報告ということでございますが、弁護士から200件程度の回答を得ました。その弁護士の中では、そもそもこういった異議申立、審査請求といった不服申立をしたことがあるかということについて、約半数の弁護士が「経験がある」と回答しております。無回答も多いわけでございますが、5割近くの弁護士が審理手続について問題があったと感じていると回答しております。

　なぜ問題を感じているのかということですが、まず第1には審理担当者の中立性に問題がある、第2に多いものは、結論までに時間がかかりすぎるということでございました。

　不服申立に対して、行政側において決定や裁決がされるわけですが、それがその後裁判によって覆されたりした例などがあるかということに対しては、約20％の弁護士が「ある」と回答しております。行政不服審査法の改正は今日の行政サービス改革の一テーマでございますが、併せてご紹介しました。

③ 各界からの問題提起

司会　続きまして、行政サービスのユーザーの方、5名から、それぞれの分野におきまして、日ごろ行政に対してどんな思いを持っているのか、率直に問題提起していただきたいと思います。

　まず最初に、新日本製鐵株式會社参与で知的財産部長をされております阿部一正さんにお願いいたします。

経済界からの問題提起
―― 規制緩和と民活推進を（PFIの活用）

阿部一正
Kazumasa Abe
新日本製鐵株式會社
知的財産部長

　新日本製鐵株式會社で知的財産部長の仕事をしております。知的財産部の前は、21年間法務部門にいまして、その後10年間、知的財産部門に所属しています。約30年間法律実務に携わっております。

はじめに

　本日のテーマの行政サービス改革でございますが、我々企業で仕事をしている立場からは、規制緩和と民活推進による小さな政府のさらなる推進ということが一番重要なのではないかと感じております。本日の私の主張は、その推進のための1つの突破口としてPFI（Private finance initiative）という仕組みをもっと活用したらどうかということでございます。現行のPFIの仕組みを活用する際に、まだいろいろ使い勝手が悪い面がありますので、その改善のための環境を整備するという観点から、行政改革、行政サービスということを少し考えてみたいと思います。

小さな政府実現のためにPFIの活用を

　企業としては、国際競争力を強化するということが最大の課題でございます。そのためには規制緩和が必要であり、そのための重要な施策は小さな政府を実現するということであると考えます。このような考えの下で、事前規制を排し、もし問題が発生したら事後で解決しようということで、これまで合理的な解決を担保するために司法改革を推し進めてきたわけでございます。経済界もこれに積極的にバックアップをいたしてまいりました。このことによって、行政依存型経済社会から、自由で公正な市場経済社会に転換を図るという流れができてきたわけでございまして、それはそれなりに成果は上がったと思います。しかし、まだ不十分でございまして、これまでの延長として、さらなる規制緩和と民間活力の利用によって、合理的なコストで良質な行政サービスを提供するということを推進してほしいと切に思うわけでございます。

　もう一つのポイントは、国・地方自治体の財政状態です。聞くところによりますと、今、国と地方自治体の債務はあわせると1,000兆円を超えていると。2006年の一般会計の当初予算は、その37.6％を公債収入に頼っている。過去の借金の元

利払いだけで18.7兆円に達し、予算総額の23.5％に及んでいるというような状況のようです。小さな政府実現のためにも、財政再建というか、地方と国の債務をもっと軽くしなければいけない。このためにも、このPFIというものの考え方は非常に有効なのではないかと思います。

PFIと申しますのは皆さんご存じのように、「民間資金等の活用による公共施設等の整備等の促進に関する法律」というものに基づいて、いわば公的資金を得ながら便宜を供与してもらって民活を進めるというための仕組みでございます。このPFIを活用いたしまして、例えば私たちの会社でも、今、中央合同庁舎7号館整備事業ということで文部科学省の跡地に建物を建てております。PFIを活用いたしますと、公的部門の資金負担を平準化できる。いっぺんにぽんとお金を出さなくて、均等に将来にわたってお金を払うということで、短期的な債務の負担の軽減ができるというメリットがございます。それから、より安価で良質な社会資本の整備ができる。結果的に公的部門の財政負担が軽くなり、小さな政府が推進できる。こういうメリットが考えられますし、実際にそのメリットは実現しています。

PFIの改善が望まれる点

PFIについて、改善してほしい点はいくつかあります。

まず、PFI事業の範囲をいわゆるソフト分野に積極的に適用すべきであるということです。現実のPFIの実態を見ますと、いわゆる箱物が中心でございます。今ご紹介いたしましたように、合同庁舎を建てるとか、ある地域を再開発するために土地区画をして建物を建てるということでございまして、これは、いわば建物・施設建設の請負契約内容を若干変えて、請負人の方に工夫の余地を残し、特別な金融・支払方法を認めるような形に変えたようなものだと思います。しかし、PFIのいいところは、そういうところにあるのではなくて、その建物の建設だけではなく、その建物を使用して行っている経営、施設の運営、これを民間がやる、民間の知恵を出して、それを質のよい経営、安価なコストで遂行する、というところにあるのです。

現在、例えば病院の経営であるとか、公会堂の経営、刑務所の経営などについて、一部ですけれども、これをPFIという手法を利用して、民間企業が集まってスペシャル・パーパス・カンパニーを形成し、それが中核となって運営するという実態は少しずつ出てきておりますが、まだその利用範囲が経営の一部、それもまだ付帯的なものに限られています。これをもっと経営そのもの、付帯事業だけではなくて

経営そのもの、例えば病院の経営そのもの、すなわち、医師の選定、医療の方法の導入等も、スペシャル・パーパス・カンパニーを中核とした企業集団がやるというところまでやれば、もっといい結果が出るのではないかと思っております。

　次の改善点は、このPFIに応募する際に、書類をたくさんつくらなくてはいけないという、まことに無駄な時間とコストがかかってしまうということでございます。すなわち、事業計画作成の初期の段階で、事業の完成を予想し、それに必要な物的施設とソフトウェアを構築するのに要する設計・工事等およびその費用をかなり詳細に見積もるという作業が必須となっています。これには膨大な経営資源を投入する必要があり、よほど懐の深い企業でなければ対応ができないし、さらに、多くの場合結果的に無駄な作業になることになります。現実には事業遂行の過程でいろいろ修正や、目的が変更されることが常だからです。それと、書類選考の評価過程でどうしても価格に重点が置かれて、安ければよいという方にどうしてもいってしまう。質が忘れられてしまうというところが、少し不安でございます。そういうところが改善されるともっといいのではないかと思います。

　税金の問題もあろうかと思います。PFI事業の対象となっている不動産について、官の所有とするのか、民の所有とするのかによって固定資産税、都市計画税の額が異なってきます。また、減価償却期間の設定ももう少し工夫があってもよいと考えられます。

PFIをどのように改善すべきか

　それでは、そのためにはどうすればいいかということでございます。PFI事業の範囲をソフト面に適用する点につきましては、国や地方自治体が決断するかどうかがポイントであると思います。決断するには、その内容がよく理解されなければなりません。そのためには、民間企業と議論し、内容を詳細に詰める必要があります。そうすると、この問題は、先ほど指摘した次の改善点である入札と応募のやり方の問題、すなわち、たくさんの書類の作成の話につながると思います。

　一つの考えとして議論されていますのは、入札にあたっては、入札の1から10まで全部最初の時点で書類を書かせるということではなくて、最初、大まかな目論見（ビジョン）のところで一回応募をさせて、その内容について施主である国や自治体と議論を重ねる。そこでそれをクリアした応募者が次の段階を考えるというようなことをやっていけば、入札のときにいっぺんにたくさんの書類を多大な経営資源を投入して作るということがなくなるし、PFI事業範囲についても柔軟な対応が

可能になるのではないかというような考えがございます。

それと、やはり行政に対する規制緩和と透明性を確保するということが重要なのではないか。これもいろいろ議論されているところですが、例えば、国の債務負担行為は5年だということが会計法で規制されていますので、一つの事業は5年以内にやらなければいけない、こういうところが非常に窮屈で動きにくい。それから、補助金等も、国の支配以外に関して補助金を交付することについては、憲法89条で禁止しているという点がございます。これをもう少し緩やかに考えられないのか。

それから、公的団体との契約、とりわけ地方自治体との契約等を考えてみますと、議会というのが常に支障になるのです。例えば、事業の途中で第三者に損害を及ぼしたというような補償問題が発生したときに、議会の承認がいるとか、あるいは新たな債務負担行為が出てきそうなときには、これも議会の承認が必要だということになって、一貫して将来にわたっていろいろ契約をするということができない。つまり、どこかで議会の承認というのが条件になってしまう。この辺について議会の機能を考え直すことはできないのかということでございます。

民間でできることは民間に

ここでお話したことは、既に諸方面の識者がいろいろ議論しているところの一部で、例えば、日本経団連の「PFIの推進に関する第三次提言」等で他にもいろいろ問題点が詳細に紹介されているところです。

要は民間活力の多角的な活用ということを進めるべきではないか。そのために、PFIという仕組みはなかなか効果的である、ということであります。

結局は、官側の発想を少し考えを変えていただいて、今まで以上に民間でできることは民間に任せるということを徹底する。そういう環境づくりをやってほしいということです。

そのためには、いろいろ問題が出てくるときに、民間側の合理的な主張が通るような1つの仕掛け、行政改革、あるいは行政事件訴訟法等々のいろいろな行政組織のネックを解消してほしいということでございます。

簡単でございますけれど、以上で私の主張を終わらせていただきます。

司会 ありがとうございました。続きまして、全国消費者団体連絡会の神田敏子事務局長にお願いいたします。

消費者団体からの問題提起
—— 消費者重視の社会のために

神田敏子
Toshiko Kanda
全国消費者団体連絡会
事務局長

　私は、行政サービス改革の課題について消費者重視の社会のためにという視点にたって、話をさせていただきたいと思います。

消費者保護基本法の改正
　2004年に消費者保護基本法が36年ぶりに改正をされまして、消費者基本法という名前になって生まれ変わりました。全国消費者団体連絡会では、この消費者保護基本法改正試案をつくりまして、提言をしながら活発にロビー活動を行いました。その成果も多分あったと思いますが、ここにありますように、消費者の権利がようやく明記されたわけであります。

　1つ目が基本的な需要が満たされる権利、それから健全な生活環境が確保される権利、消費者の安全が確保される権利、選択の機会が確保される権利、必要な情報が提供される権利、教育の機会が提供される権利、消費者の意見が反映される権利、適切かつ迅速に救済される権利と、こういった形で、法律にようやく明記されたわけです。

　この法律の基本理念では、事業者と消費者間には、知識あるいは情報に大きな格差があるとしています。そういったことに鑑みて、その事業者は消費者の権利を尊重した事業活動をする責務があり、国や行政はもちろん基本理念に則って、消費者政策を推進する義務があるとされているわけです。消費者政策は基本計画（5カ年）をつくりまして、毎年検証、評価、監視を実施することになっており、昨（2005）年からスタートをしています。この基本計画には、政府が全体として一体となって推進すると書かれています。しかし、まだ2年目で、まだまだ省庁間で消費者基本法の周知徹底ですとか、あるいは認知の度合にばらつきがあるのではないか。そういった感想を持っています。改正法が施行された後も、消費者の権利がおびやかされる事例が相次いでいます。例えば事業者のリコール隠し、暖房機、ガス湯沸かし器の死亡事故、マンション等の耐震強度の問題、エレベーターの事故、保険金の不払いの問題、それから食品企業による偽装表示の不正行為など、あとを絶たないという状況です。それから、消費者被害がふえる一方でありながら、行政の相談窓口等の体制は強化されないという状況があります。

こうした問題を挙げますと切りがないというぐらい、次から次から出てきます。消費者重視、それから消費者の権利を守る、保障するという点からしますと、まだまだ不十分ではないかと受け止めています。ですから、規制のあり方、法制度の見直しですとか、事業者の監視をしっかりやっていく必要があるのではないかと思っています。

食品安全行政とBSE問題

　消費者の意見の反映という点で、食品安全行政のことを少しお話しさせていただきます。2003年から、特にBSE問題を直接のきっかけにいたしまして、食品安全行政の改革が行われたわけです。リスク分析手法というものが取り入れられ、リスク評価機関とリスク管理機関が分離・独立をし、リスクコミュニケーションを組み合わせることを重視しました。そういった形で組織改革をしてきたわけです。確かに、意見交換会ですとかパブリックコメントなどもだいぶ行われるようになっております。もちろん情報提供は、以前からしますとだいぶ充実してきたように思っております。

　しかし、このBSE問題とか、最近のことで言えば米国産牛肉の輸入問題を例にとりますと、意見交換会の中で出された意見の反映の点ではまだまだ納得感がないという状況です。意見交換会や意見募集などでいろいろ意見を吸い上げるところまではしているように思いますが、出された意見がどのように行政に反映されているのか。その辺が見えない状況です。全く反映されていないのではないかといった不信感を募らせている人たちもいると思います。

　BSEの国内対策の見直しが行われましたが、生後20カ月以下の検査は必要なしと決めたときも、あるいは米国産牛肉の輸入再開、あるいは再々開、今回決めたばかりですけれども、そういったときも、国民や消費者の心配、懸念というものについて払拭されるような、丁寧なリスクコミュニケーションが行われたとは思えません。先に結論ありき、あるいは外交優先というような形で、そう思われても仕方がないような進め方であったように思います。こうしたことではせっかく組織改革をしていきましても、消費者との信頼関係を築くというところまでにはなかなかいかないように思います。消費者の権利を保障し、それから透明性の高い、そういった行政を私たちは望んでおります。以上で、私の問題提起を終わらせていただきます。ありがとうございました。

司会 ありがとうございます。続きまして、都市計画コンサルタントで立教大学大学院法務研究科兼任講師をされております稲垣道子さんにお願いいたします。

まちづくりの現場からの問題提起
―― 美しい国は美しい街から

稲垣道子
Michiko Inagaki
都市計画コンサルタント・立教大学大学院法務研究科兼任講師

まちづくりの現場からの問題提起―― 美しい国は美しい街から

私は、今日のタイトルにもありますように、建築紛争にいろいろ関わってまちづくりを考えてきた現場から行政サービスのユーザーの視点でお話ししたいと思います。

建築紛争というのは「もめごと」ですが、「もめごとには何かの理由がある、もめごとのタネをまちづくりにうまく結びつけていくことをしなければ、紛争が繰り返されるだけではないか」と考えて問題提起をしてまいりました。大きな問題点として、日本の街が美しくないということと、紛争が多いということを挙げております。ほかにもいろいろな問題点をお考えの方があるかと思いますが、結局、ほんとうの意味で美しい街であれば紛争は起きないだろう、美しい資産があれば、永らえていくこともできるだろう、それがサスティナブル（持続可能）ということの基本ではないか、そういうことをみんなで考えていこうということを伝えたいと思ってきました。

美しいといっても、ヨーロッパの歴史都市のようなものをモデルにしようということではなく、都市計画がほんのちょっと、ほんのちょっとでは足りないかもしれませんが、少し変わっていけばいいだろうと考えております。事実、石原都知事の江戸開府400年のシンポジウムでの発言、都庁から撮られた写真をお見せになりながら「東京の町は『ゲロ』みたいだ。いかに都市計画がなかったか、知事としては言いたくないんだけれど。」という発言が伝わってきました。「都市計画はあったけれど、実現できなかったのだ」という現場の声も伝わってきましたが。このように都市計画がないということ――今の紛争状況には都市計画の制度なり、それに関連する広義のサービスのあり方が十分でないということが大きく関わっていると考えております。

建築紛争、例えばマンション紛争に限りますと、昨日まで緑があったところの木が切られてしまって、すぐ超高層マンションが建ってしまう。住民はびっくりする

のですが、さらにびっくりするのは、そういうマンションが法律で、都市計画法等で容認されているんだということです。住民もはじめのうちは、事業者はけしからん、行政はけしからんというような言い方をしますが、だんだんそれだけでなく「まちづくりについて自分たちは今まで何をしてきたんだろう」というような反省につながっていきます。

　建築紛争はすべての当事者にとって非常に大きなマイナスですので、紛争をなくしていくためには、行政も事業者も住民もみんながサスティナブル（持続可能）なまちづくりをしていかなくてはいけないという認識を共有する必要があると考えます。ただ、共有しましょうといっても、そのまま手をこまねいていては足りませんので、それを支援するサービスなり、サポートするような制度がどうしても必要だということを申し上げたいと思います。

住民に対する支援制度を、まちづくりにおける異議申立権の確立を

　大きな問題のもう1つは、いろいろと法律の規制があるのですが、規制が一体何を目指しているのか、「こういう街をつくりたいからこういう規制がある」ということが、法令上であまり明示されていませんし、実際に説明もされない、ということです。用途地域などの都市計画が変わったりするときに、皆さんの自治体でも市役所や区役所の広報の中で説明されるはずですが、意味するところが十分伝わらない結果になっていることがよくあります。受け手に分かるような説明をきちんとするということが大事です。また、住民が都市計画などの提案をする制度もだいぶ充実してきていますが、住民が自分たちだけで提案するには非常に分かりにくい部分がありますし、専門家のアドバイスがないとなかなか難しい。そこで、住民提案などについての支援制度というものを、既にまちづくり条例のような条例で定めている自治体もありますけれども、もっと積極的に展開していく必要があると思います。さらに、都市計画などに対してきちんと異議が申し立てられるような制度をつくっていく必要があると考えます。そのように変わってくると、都市計画関連の審議会や審査会などの役割も重要性を増しますし、それらのあり方について十分再検討する必要があります。

　以上は市民サイドからの話なのですが、職能の視点から少しお話しさせてください。私はNPO法人の都市計画家協会会員ですが、この協会の中で行政事件訴訟法の改正をふまえて、都市計画がこれからどう変わっていくべきか、我々都市計画家はどのように仕事をしていくべきかという議論をする研究会が設けられておりま

す。そこでの議論を通して、都市計画に対する異議がきちんと申し立てられるようになる可能性、それに対してきちんと説明責任を果たす都市計画体制がつくられる可能性、それに期待できるとすれば、これは我々の職能にとってもいいことだと考える人が多いと感じております。

　以上でございます。どうぞよろしくお願いします。

司会　ありがとうございます。続きまして、WWFジャパン自然保護室次長の草刈秀紀さんにお願いいたします。

環境保護団体からの問題提起

草刈秀紀
Hidenori Kusakari
WWFジャパン自然保護室次長

　早速ですが、世界に誇るべき日本の自然を守り、取り戻すためにどうすべきかということについて話させていただきます。

自然や野生生物の保護は市民の責務

　まず大前提として、なぜ自然保護が必要なのか。それは、自然は私たちが生きていくための基盤であり、自然保護とはその基盤を守ることであるということです。人もまた生物の一種であって、自然界の一員である限り、ほかの生物と一定の関係を維持していかなければ生きていくことができません。これを踏まえておくことが必要です。日本列島は北海道から沖縄まで南北に長く、また大小様々な島々があります。狭い国土でありながら、変化に富む地形が豊かな生物等を育んできている、世界に誇るべきものだと考えております。

　1992年に地球サミットが開かれ、気候変動枠組条約と生物多様性条約が採択されました。生物多様性条約は1993年に発効され、日本も条約を締結し、翌年気候変動枠組条約も締結しました。生物多様性条約は、熱帯林の減少や種の絶滅の危機に関して、または人類の存続に不可欠な生物資源の損失、消失の危機感がきっかけとなって、生物全般の保全に関する包括的な、国際的な枠組みが定められました。

　自然を保全するための先進的な取り組みとして、旧ドイツの憲法では次のように書いてあります。「市民の福祉のために、国家及び社会は、自然保護につき配慮する。河川湖沼及び大気の清浄維持並びに植物界・動物界及び郷土の風光美の保護は、

所管の機関により保証されるべきであり、また更に進んで各市民の責務である」。つまり、自然や野生生物を保護することが市民の責務であるということが明記されています。

　では、日本は過去にさかのぼってどうだったかと言いますと、江戸時代、人と自然のかかわりは地域共同体において管理されていたと言えます。例えば入会権のように、地域共同体による共同利用が、自然の荒廃を防いでいたことが明らかになっています。日本では、戦前まで地域共同体が機能していた時代が続いたと言えますが、戦後の都市化、とりわけ高度経済成長を背景とする1960年代の都市化は、日本の社会の基底をなしていた地域共同体の崩壊、破壊を引き起こしてしまったと言えると思います。このときに、自然破壊によるふるさとの美しい自然景観が失われたことも、地域共同体の破壊による一因と考えられます。

現行制度では自然は守れない

　現代の我が国では、自然や野生生物を誰が守るのでしょうか？　様々な自然環境の変化は、日を増すごとに野生生物に大きな影響を与えています。生物多様性条約の批准に関連して、1992年に種の保存法が制定されました。日本の絶滅のおそれのある野生生物をリストアップしたレッドリストでは、2,663種が挙げられています。しかしながら、種の保存法では、国内希少野生動植物種に指定されている種は、わずか2％にすぎない状況です。種のリストと法律がリンクしていません。この法律は、国内の希少種について役に立っていないと言えます。自然は、私たちの財産であり、絶滅のおそれのある種を救い、健全な環境を取り戻すことが急務となっております。しかしながら、種の保存法では財産権の尊重という条項、関係者の所有権その他財産を尊重し、住民の生活の安定及び福祉の向上に配慮し、並びに国土の保全その他の公益との調整に留意しなければならないというようなことが明記されています。この条項があるために、種の指定がなかなかできない、生息地の保護もままならない状況です。

　2002年に生物多様性条約に基づいて、新・生物多様性国家戦略が決定されました。生物多様性条約の理念を広く一般に普及されるために、政府はすばらしいタイトルのついたパンフレットをつくりました。そのパンフレットの名前は「いのちは創れない」となっています。一度失われたいのちはつくることができません。

　国家戦略では、日本の生物多様性に対する3つの危機が挙げられていて、その第1に、人間活動ないし開発が直接的にもたらす種の減少、絶滅、あるいは生態

系の破壊、分断、劣化を通じた生息・生育域の縮小、消失が挙げられています。

　先ほど、種の保存法では、２％程度の種が指定されていると話しましたが、地方自治体でも政治的な取り組みが始まっています。種の保存法を受けて、京都府の希少種条例では、目的条項に、府内に生育する野生生物は、生態系の重要な構成要素であるだけでなく、自然環境の重要な一部として国民の豊かな生活に欠かすことができないものであり、府、事業者、府民が協働して、野生生物の絶滅を防ぎ、絶滅の危機から回復のための必要な措置を行うことにより、これを府民共有の財産として次の世代も起こしていく。生物多様性の保全を寄与することを目的とすることが書かれています。

先進自治体の取組みを国レベルへ

　京都府の希少種条例のポイントは、設置された科学者会議に対して、府民が指定種のリストを提案することができること。また、絶滅のおそれのある種の保全回復措置として、保全回復計画を策定し、現在の生息地の維持だけではなく、生息環境の改善、生息種の復元を行うこと。

　府は、希少野生生物の生息地ごとに、保全回復のための行動計画を策定すること。希少野生生物の回復、行動計画に基づくプロジェクトを実施するNPOは、管理団体の認定を受けることができ、認定NPOは、多様な主体との協働による回復プロジェクトを実施できること。

　それから、公共事業における希少生物の保全として、府及び事業者は、公共事業を実施するにあたり、事業所における希少野生生物の生息種の有無を事前に把握すること。

　事業者は、公共事業の構想段階から管理段階における公共事業によって生じる希少野生生物及びその生息種の負荷を回避することが明記されることとなっています。

　さて、団体訴訟制度のことについてですが、地方分権が進み、都道府県における先進的な条例が仮に進んだとしても、現実的には越えられない壁があります。京都府の希少種条例の中にも、種の保存法と同様、財産権尊重という項目が明記されています。仮に裁判を起こしても、裁判所は、自然保護に役立っていない現状があります。貴重な自然が失われても、誰も何も言えない。役所任せの頼りない自然保護、守るべき対象物があっても守り抜けない事実があります。

団体訴訟制度の導入を

　行政事件訴訟法の改正では、団体訴訟制度が検討され、公益性を有する団体に訴権を付与することが考えられています。WWFジャパンは、公益性を有する全国的な組織にあてはまりまして、特定公益増進法人となっております。団体訴訟を起こし、我々の財産である自然や希少生物の保全に一矢報いることができれば、人類が生存する基盤である自然を次の世代に残すことができるのではないかと考えております。

　仮に団体訴訟が可能となっても、受け皿となるコミュニティ、地域共同体があるべき役割を果たせるように復権させることが不可欠です。まず地域共同体の崩壊を防ぎ、若い世代にこの危機を受け継ぐこと。それから、地域共同体と教育機関が連携して克服することが必要だと思います。ルールとしきたりが守った国土と自然環境、資源を保全すること、美しい自然の保守と再生によって誇るべきふるさとを取り戻していくことが必要です。

　日本はまだまだ大きく様々な可能性を秘めており、勇気と叡智と努力によって、地域共同体の機能が回復し、人と生物の文化が織りなす多様な環境をつくり出し、美しい自然景観、社会景観を取り戻すことが可能となると考えております。

　私の問題提起とさせていただきます。ありがとうございました。

司会　ありがとうございました。続きまして、日本税理士会連合会常務理事で調査研究部長をされております杉田宗久さんにお願いいたします。

日税連からの問題提起
──税務行政の現場から

杉田宗久
Munehisa Sugita
日本税理士会連合会常務理事・調査研究部長

　シンポジウムにお招きいただきましてありがとうございます。資料（「透明な税務行政の実現のために」）〔当日配布〕に基づきましてお話をさせていただきます。

申告納税制度の維持発展を

　まず、はじめに、税理士会は、皆さま方ご存知のとおり、税務の職業専門家団体でございます。税理士法の中には税制及び税務行政の改善に寄与する施策については、官公署に対して建議せよということが定められております。そういうことから、

日本税理士会連合会では、公平かつ合理的な税制の確立ということを目指して建議をしています。

その中で、申告納税制度の維持発展を目的としていますということがありますが、これについて若干ご説明をしておきます。税金の払い方は2つありまして、1つは賦課課税です。行政側から、課税標準に基づき、これだけの税の負担がありますので払ってくださいという通知書が来て払う方式です。もう1つは、法人税、所得税、相続税等のように、法律の規定に基づいて納税者自らが税金を計算して、私の払う税金はこうですよということで自ら納付するという方式の非常に民主的な租税制度がありまして、これが申告納税制度というものでございます。

この申告納税制度の環境を整備していく必要があるということで、いろんな意見を出させていただいております。その中で国民の方々が、タックスペイヤーとして責任・自覚・誇りを持って税負担をしあえるような仕組みを作っていこうということを目標に、そこに書いてございます5つの視点というのを設けてあります。

1つは、公平な税負担をしましょうということです。公平というのはいろいろありますが、水平的公平、垂直的な公平、もう1つは世代間の公平、いろいろな観点からのものです。

それと、2番目は理解と納得のできる税制ということです。理解のできるというのは、税法は非常に難解な法律と言われておりますが、少しでもわかりやすく理解しやすくするという意味です。もう1つは、なぜその税を払うのかということを、納税者の方が納得して払えるということで、理解と納得のできる税制。

3つ目は、必要最小限の事務負担ということでございまして、国側から見ると、いわゆる徴税費用がかかる、納税者側から見れば、納税のための事務負担が非常にかかってしまう、これを両者合わせたところで合理的にするという意味で、必要最小限の事務負担ということです。

4つ目は、時代に適合する税制ということで、政策も含めてですが、例えばバブル期の税制と今の税制は違うだろうという、その時代々々に合ったような税制ということです。

5番目が、透明な税務行政ということでございまして、納税者と税務行政庁との信頼関係を築いていくことが必要ですということです。

今日のシンポジウムに関しては、この5番目の透明な税務行政の部分がポイントになると思います。3つの個別の項目をそこに挙げさせていただいております。

国税不服審判所の改革を

　まず一番目に、国税不服審判所の機構改革のことが出ております。今、納税者の不服申立ての制度、権利救済の制度はどうなっているかといいますと、税務署長が納税者に対して課税処分なり、差し押さえなりの処分をする、それに不服がある場合、まずは税務署長に異議申立てをする。その異議申立ての結果が税務署から来ますが、それに対してさらに不服がある場合には、国税不服審判所というところに審査請求を出します。その審査請求の結果が、いわゆる裁決と言われるものでして、棄却するとか、認めるとかそういうことになります。その結果に対してさらに不服がある場合には、裁判所に訴えを提起することができます。こういう順序で税務訴訟の方へ進んでいくわけです。

　国税不服審判所は、税務署と裁判所の間に入っているという位置づけになるわけです。そうすると、審判所には第三者的機関としての性格が求められるわけですが、では、実態はどうなのかということです。審判所には国税審判官という方がいらっしゃいますが、その人たちはどういう人たちがなっているのか。一応、法律上の資格者は、弁護士、税理士、公認会計士、大学教授、裁判官、検察官の職にあった経歴を有する者で国税に関する学識経験を有する者という規定があって、その次に国税職員となっているわけです。

第三者機関性を高める工夫を

　しかし、現実はどうなのかというと、審判所の所長さんは裁判官の方が来られて、審判所の所長になられることがありますが、それ以外に実際に仕事をされている方は、ほとんど国税職員がなっています。昨日まで法人税の調査をやっていましたという方が、審判所に転勤になりましたと、こういうことでやられているわけですね。審判所の仕事の期間が終われば、また人事異動で税務署や国税局に戻るということになっておりまして、これで第三者的といえるのかどうか。その人事のローテーションを見ただけでもおかしいのではないか。本来は、外部からもっと人材を登用すべきであって、法律にも税理士、公認会計士、弁護士さんとか、いろいろな規定があるのですが、活用されていない。もっと積極的に、そこの民間の知恵を使えるようにしていただきたいということが１つ。

　もう１つはなぜできないのかということです。国税審判官の任命資格については、国税通則法施行令31条というのがありますが、税理士や弁護士の職にあった者ということになっていまして、税理士をやりながら審判官、弁護士をやりながら

審判官ということができない、こういう制度になっています。現実に、自分の事務所を一回畳んで審判官になるかというと、ほとんどなり手がいないということです。まずここのところから改革していく必要があるだろうということです。

弁護士の先生方の中には、例えば毎週月曜日だけ家庭裁判所の裁判官やっていますとか、現実に私の知っている方もそういうことをやっておられる先生方がいますが、非常勤裁判官という新しい制度が導入されています。国税不服審判所にも、同じような制度をうまく作っていきたいということでございます。

さらに、国税だけではなく地方税も合わせたところで、そういう第三者的に審判する機関をつくっていただくということです。司法制度改革によって裁判員制度という新しいシステムが導入されます。また、例えばドイツなどでは、租税に関する裁判の中には、名誉裁判官制度というのがありまして、名誉裁判官というのは、裁判官5人中2人は、必ず市民から入るという制度になっております。国税不服審判所の機構改革について第三者性を高め、また市民の一般的な感覚に照らすため、皆さまのご協力を賜りたいということでございます。

税理士会からの問題提起は以上でございます。ありがとうございます。

④ 問題提起に対するコメント

司会 ありがとうございました。今、5名の方から行政サービスのユーザーとしての問題提起がなされました。次にこれを受けまして、国会議員のみなさんからご発言をいただきます。それではまず最初に、世耕弘成参議院議員に発言をお願いいたします。

行政サービスのスピード、わかりやすさを確保するために

世耕弘成
Hiroshige Seko
参議院議員（自由民主党）

冒頭でまずおわび申し上げたいと思います。今日、安倍官房長官がこの場に参りまして、少し基調講演的なお話をさせていただく予定だったのですが、橋本元総理

の内閣葬がございまして、それに合わせまして諸外国から外交使節団がたくさん見えまして、これが非常に想定を上回る数がお見えになりまして、それぞれ接遇をしなければいけないということで、今もおそらくどこかの国の外務大臣と会っていると思いますが、どうしてもその日程を優先させてほしい、特に国連安全保障理事会の問題等もございまして、アジアの国々の外交官とも会談する必要があるということで、欠席をさせてほしいということが昨日の夕刻に連絡が入りまして、急きょ欠席になったということを、まずおわび申し上げたいと思います。

そして、別に安倍さんからメッセージを預かっているわけではないのですが、日ごろ、我々若手議員と安倍さんの間で話していることを軸に、少し簡単に短い時間でお話をさせていただきたいと思います。

問われる行政サービスの中身

私どもは、今まで政府与党では、量の行革、国家公務員の数をどれだけ減らそう、人件費をどれだけ減らそうと、そういう行革の議論ばかりをやってきたのですが、ここへきて本当に質、サービスの中身、そういったものがどうなっているのだろうかということが、非常に問われている時期だと思います。

実は、私は今日の朝、みのもんたの出ないみのもんたの「朝ズバッ!」というものに出まして、そこで1つ問題になっていたのが年金です。ずっと厚生年金を払っていたのに、社会保険事務所に言ったら、その台帳が火事で焼けてなくなりましたということで、ではどうすればいいですかといったら、あなたが証明してくださいと社会保険事務所から言われて、その人は必死になっていろいろ探したけれども見つからない。そして、ようやく引っ越しのときに50年前の給与明細が出てきて、厚生年金を払っていたという証拠が出てきた。それを今度、社会保険事務所へ持っていったら、これでは証拠にはなりませんと言われて、結局、その人は最後の最後たまりかねて、厚生労働省の社会保険審査会へ持ち込むわけです。この準司法手続に至るまでに、なんと12年間かかっていらっしゃる。しかも結局、年金の時効というのは5年でありますから、その分はもらえなくなってしまったというようなひどい実態が、取り上げられていました。

このように、できる限り国民の不満とか疑問とか、そういうものをしっかりと拾い上げて、できる限り国民の立場に立ってサービスをするという観点が、今の行政には欠けているのではないか。これからは、量の行革ももちろん重要ですが、質の行革をしっかりと行っていかなければならないのではないかと思っているわけでご

ざいます。

「国民と行政の関係を考える若手の会」での議論

　実は自民党の中に、今、諸先生方からもう既にお話があったと思いますが、「国民と行政の関係を考える若手の会」をつくらせていただいております。そこで、私は会長を務めさせていただいています。今、その会でいろいろな議論をしております。

　まず、行政訴訟の手続です。これは、一昨（2004）年に42年ぶりの大改正を行ったわけですが、まだまだ積み残し課題はたくさんあるわけでございます。

　あるいは、今申し上げたような社会保険審査会のような準司法手続が、本当に国民に周知されているのか。本当に使いやすいものになっているのかどうか。これをもっと考えていかなければいけない。今、制度ごとにいろいろな準司法手続があるわけですが、その手続が全部ばらばらで非常に複雑で、ものによっては1年に1回も使われないものがあります。あるいは、ものによっては、あまりにたくさん来すぎて、審査に何年もかかっているものがあったりします。こういったものをもう少し徹底的に見直さなくていいのだろうか。行政の中で国民から来た苦情や不満をしっかりと処理をしていく仕掛けを考えなくていいのだろうか。あるいは、今、行政不服審査法を見直そうという動きもあるわけですが、これを果たしてお役所の見直しに任せておいていいのだろうか。我々政治の場でもう少しコミットしたほうがいいのではないだろうか。

　また、もう少し大きな枠組みで、今、法律をつくりますと、これも行政が閣法という形で出してきた法律、その中には、かなり政省令への委任事項というのがたくさん入っています。そういったものが全部勝手に委任されていっていいのだろうか。あるいは、いったんつくった法律が、いったんつくったらそのままずっと日本の場合は生きているわけですが、それをある程度期限を切って、ローリング（見直し）をかけるような仕組みをつくる必要があるのではないか。こういうことをしっかり政府で見直していただきたいということで、歴代官房長官のところにも申し入れを何度もさせていただいております。

　特に行政サービス有識者会議をつくって、省庁縦割りでは絶対議論ができませんので、横串を通した議論をしていただきたいと、今、申し入れをさせていただいております。官房長官のほうでも、前向きにそれを受け止めて考えていただいているところでございます。次期政権がどうなるかはわかりませんが、官房長官もそういうことをさらに発展的にこれから考えていってくれるのではないかと思っているわ

けでございます。そういう中で、今日、日弁連の皆様の主催で、こういう行政のサービスのスピードとか、わかりやすさなどを軸に考えていこうというシンポジウムを企画いただいたことは、非常に意義あることだと思います。ぜひとも、これから皆さんとの率直な意見交換を進めさせていただきたいということを申し上げまして、私からのあいさつとさせていただきます。

司会 本日は、政府関係者も出席しております、それでは総務省大臣官房参事官の宮島守男さんに、先ほどの問題提起を受けてのご発言をお願いいたします。

行政手続・不服申立制度の動向

宮島守男
Morio Miyajima
総務省大臣官房参事官

　私が担当している仕事は、行政管理局の仕事の中で、1つは「行政手続法」「行政不服審査法」「情報公開法」「行政機関等個人情報保護法」といった行政全体に共通する法律の仕事でございます。もう1つは、電子政府の推進、IT化に対応した業務の効率化などでございます。

　先ほど、いろいろな問題提起が行われたわけですが、私の仕事に関連する範囲で、行政手続や不服申立てにつきまして、現在の動向などを若干ご紹介させていただきまして、私のコメントとさせていただきたいと思います。

　まず第1に行政手続法に関連しまして、パブリックコメントが義務づけられました。従来閣議決定では、規制を新設する場合などにパブリックコメントにかけることになっていたわけでございますが、行政立法手続の改善の1つとして手続法が改正されまして、本（2006）年4月から、政令等の命令等を制定する場合には、パブリックコメントが義務づけられ、提出された意見や当該意見を考慮した結果なども公示するという制度になりました。今後は、法律の施行状況調査等を通じまして、適切な運用が行われるよう努力していきたいと考えているところでございます。

　次に行政不服審査法でございます。1962（昭和37）年に行政事件訴訟法とほぼ同時期に制定されたわけですが、それ以来、実質的な見直しがされていなかったわけでございます。その後、40年あまりの間に、行政手続法、情報公開法の制定や地方分権の進展など、様々な周辺環境の変化が起きまして、そのような中で、学界

からも行政不服審査法の見直しに関する声も上がっており、2004（平成16）年の行政事件訴訟法の改正を機に、国民と行政の関係を考える若手の会の先生方からも、改正の必要性が指摘されたところでございます。そのような状況を踏まえまして、外部機関に委託をするという形で、行政不服審査法に関する基礎的な調査研究を、昨（2005）年の10月から本（2006）年の3月まで、主に行政法の先生方に行っていただいたところでございます。この調査研究では、現行の制度の運用の実態として、必ずしも簡易・迅速な権利救済が図られているとは言えない状況にあるとの認識が示され、制度本来の目的が発揮できるよう審査請求と異議申立ての一本化、審理における第三者の活用、審理手続の充実・迅速化、第三者による不利益処分義務づけの申立て等、救済態様の多様化、不服申立ての対象範囲の拡大等、行政不服審査法の改正に向けて提言が行われたところでございます。

　今年度に入りましてからは、現行制度の改善等についての意見・要望の募集を約2カ月にわたって実施するとともに、国の行政機関や地方公共団体に対しまして、実態調査やヒアリングを実施しているところでございます。私どもとしましては、これら実態調査の結果等を踏まえ、今後本格的な検討体制を整備しまして、行政と国民との関係を規律する重要な制度である行政不服審査制度の見直しに向けた検討を開始してまいりたいと考えています。以上、簡単ではありますが、私の担当している範囲内でのコメントとさせていただきたいと思います。

司会　続きまして、自由民主党の牧原秀樹議員からご発言をお願いいたします。

日本では民間と官が
あまりにも分離している

牧原秀樹
Hideki Makihara
衆議院議員（自由民主党）

　私は、弁護士が今180人ぐらいいる渉外法律事務所にいたことがございます。そして留学に行って帰ってきてから、任期付き採用ということで、役所での経験も2年間しておりまして、両方で役所との付き合いというのがございました。

　弁護士としては、例えば外国のある業者が、日本に入ってくるときに、日本ではどういう認可が必要なんだということを調べあげるのに、本当にあちこちにたらい回しにされて、ついには中央官庁から聞いていったところ一番知っていたのが、地元の保健所の担当窓口の女性だったというようなところにくるまで1週間ぐらい

かかったこともございました。実は、役所の中に入っても役所の中でたらい回しにされるんです。つまり、誰が担当かということでけんかが日々起こっておりまして、これはあんたの業務だよと、おれはやらないという形で、とにかくあいまいなグレーゾーンというのは、それが責任を負うものである場合にはとにかくほかの課に押し付ける。一方それが何かいいものである場合には、奪い合うという状況が日々起こっていることを痛感いたしました。

　今日のお話を伺って、もちろん個々の不服申立制度の改正など、今、自民党の中でも特別のプロジェクトチームの担当としてやっておりまして、改革が1つひとつの制度を見ながら必要であることもあります。しかしながら、私の2つの経験から言うと、一番大きい根本的な問題は、民間と官が日本はあまりにも分離をしているということにあるという気もいたしました。つまり、官に入ると一生官で過ごす。民であると一生民として行政のサービスを受けるということの意識が根づくということです。これは、日本がずっとそういうお上意識というもので制度ができてきたわけですから、そうなるのかもしれません。アメリカに私が留学して経験したことですが、民間と官が交流を、つまり、回転ドアと言っていますけれども、2年間官僚をやって、そしてこっちに戻ってボランティアをやって、その分野のまた官僚の責任者になるというような制度があれば、私はもう少し日本の行政サービスというものはずっとよくなるのではないかと思います。いま、いろいろな問題意識を持った方々が発言していましたが、その方々がその行政サービスを担当することによってだいぶ変わるのではないかという気はいたしております。

　これはよく官庁にいたときに、官僚の人が吐き捨てるように言っていたのは、官僚というのは良くも悪くも、やり逃げ、やらせ逃げが起きるんだということです。つまり、その役人のポジションというのは、人事異動で突然上から、おまえは何月何日付で行けと言われるわけでございます。それがやりたかったことであればいいのですが、ただやりすぎて、そして2年間の期間が終わるとまた異動していくということで、責任を取らずにやり逃げになる。あるいは、それがやりたくない分野だと、2年間とにかくじっとやらないで、何事もなく我慢していると。これはやらず逃げということで、2年間経つとまた異動する。いずれにしても責任を取らないという制度になっているということでございます。そして、民間の立場になったことがないものですから、どういうことをしてほしいかという真のニーズが、その立場になって考えることがなかなかできない。

　そういうことも含めまして、私は個々の制度を直すという今の責任を全力で全う

するとともに、そうした大きな視点からも考えていかなくてはいけないのかなということを、今日の発表者の皆様のご意見を伺いながら考えました。

司会 続きまして、自由民主党の柴山昌彦議員、発言をお願いいたします。

課題にしっかりとコミットし根本から考える

柴山昌彦
Masahiko Shibayama
衆議院議員（自由民主党）

　本日は、本当に貴重なお話をありがとうございました。発言が2回目ですので、パネラーの皆様のお話に関連して少し詳しく申し上げさせていただきたいと思います。

PFIの問題とコンプライアンス（法遵守）の確保

　まずPFIの問題ですが、これは去（2005）年、私ども議員立法でPFI法の改正をさせていただきました。ただ、こちらはお話があったとおり、対象となる行政財産をどういう形で貸付をするかというような、いわば箱物の発想の延長という部分が確かにございます。それで今、お話があったように、ソフトの部分をいかに民間との役割分担をしていくかというところが、これから大変な検討課題になってくるのかと思います。

　今、市場化テストという、最近新聞等をかなりにぎわせていると思いますが、民間と行政官庁のどちらのほうがよりよいサービスを、よりよい価格で提供できるかというところで競いあっていく制度を導入するところでございます。こうした分野がどんどん広がっていけば、これまでお役所でなければできなかったと言われる、例えば刑務所の管理等、最も公権力が強く作用すると思われているような部分でも、一定の部分については、民間の人たちが、例えば事務の管理を行っていく等々、しっかりと役割分担ができるのではないかという気がいたしております。今後とも、しっかり検討を進めてまいります。

　ただ、こうした事柄によって、民間の業者さんたちが本当に公的な役割を責任を持ってやっていけるのかという疑問もあると思います。私は埼玉県の所沢・三芳・ふじみ野が選挙区ですが、昨今、地元の市民プールで大変な事故がありまして、民間の事業者さんがいろいろと問題があったのではないかということを言われております。こういうような民間の事業者さんに対する監督の方法、これも大変重要な課

題ということになってくるかと思います。いわば、民業に開放した場合のコンプライアンス（法遵守）の確保をどうするかということです。

私ども、先ほど来お話があります行政の準司法手続では、違法是正型の行政手続の充実もしっかりと検討させていただいております。例えば証券取引等監視委員会ですとか、公正取引委員会、そのほか自治体の監督をどうやって厳しくしていくのか、コンプライアンスを確保していくのかということを、これから検討していきたいと思います。

行政の質の確保と説明責任の充実

消費者団体の神田さんのほうからお話があった部分にも、今言った、監督を厳しくというところに影響してくるかと思います。しっかり、市民の安全にかかわる部分については、こうした厳しい監督をしていくということも、場合によっては体制の充実ということも、行革の流れからすると逆行しているようにも思えるかもしれませんが、場合よっては考えていかなければいけないのかもしれません。

また、ご指摘のとおり、情報提供及びその説明責任の部分が非常に重要だと思っております。お話しされたBSEの問題についても、これは牛肉の輸入再開に向けて結論ありきということでは決してなくて、我々与党の議員も、厚生労働省あるいは農水省の役人を招いて、さんざん議論を何時間にもわたってして、再発防止のための検査体制の充実・確立等についての議論をして、その結果、ああいうような形での結論を出したものです。ただ、これをきちんと消費者の皆様にわかりやすく説明をしていく、情報をオープンにしていくということが今後求められるのであろうと思っております。その行政の質の確保の問題と説明責任の充実の問題ということは、表裏一体の関係にあるのではないかと考えております。

地域住民の意見が反映できるような改善を

マンションの紛争に関する稲垣さんの問題提起に関するコメントで、ご指摘のあるとおり、これからは行政計画について、どのように利害関係者がコミットしていくか、また、これに対して場合によっては異議を申し立てるような体制をどうするかということを考えていくことが必要なのかなという気は、確かにしております。その場合、内容において公共性が失われるとか時間がかかるとかいった逆の弊害等をどのように考えていくかという懸念もありましょうが、まちづくり三法の改正についていえば、ご案内のとおり、協議会の提案ですとか、あるいはゾーニング規制

を強化する代わりに自治体ごとに厳しい規制を変更していくというツールもできたわけでして、そういうような形で地域の住民の皆様の意見が反映できるような改善を行ったということを付言させていただきます。税制等の配慮についても行わせていただいております。

環境保護は、終局的には人間社会の私たちの利益に

WWFジャパンの草刈さんのご指摘も大変重要な指摘でして、そもそも日本の法律が、人間のみが権利の主体であるという、大変思い上がった法制度となっております。ご記憶かと思いますが、以前アマミノクロウサギを原告として、開発の差し止めの訴訟があったと思います。これは、権利能力のない当事者による訴訟ということで却下をされたわけですが、こうした人間と本来連続的に権利の主体であるはずの動植物の、権利という言い方はおかしいのですが、環境をどうやって保護していくかということは、大変難しい問題です。

今、私ども自由民主党は、憲法改正の素案をつくりました。この中で環境権ということを正面からあげてきておりますが、これも要するに環境を保護することが、終局的には人間社会の私たちの利益になるのだという考え方から定めているものでして、抜本的な法制度の考え方そのものの変更ということになっていないのかもしれません。しかしながら、ご指摘のような、例えば団体訴訟制度の実用性について、ご案内かと思いますが、今通常国会で消費者団体訴訟制度については法定化をいたしましたけれども、これの改革、あるいは拡充等の必要性も含めた形で今後検討をしていって、少しでもその環境あるいは動植物のあり方について配慮できるような団体訴訟制度というものも検討していく必要が出てくるのではないかというように考えています。

第三者的なチェックのあり方

税務訴訟のあり方について、国税審判官のほとんどが人事ローテーションで回っているのではないかというのも、大変貴重なご指摘だと思っております。どうも、お役所の人事制度で私が短い議員生活の中で感じているのは、要するに人の分離に対する意識の欠如というか、ある人事ローテーションについた人が、それをチェックするということを抵抗感なくおやりになっているというところは、私も非常に問題意識としては強く持っております。例えば野党の方々については、チェックをする人間というものは、きちんと外部の人を持ってくるべきだという問題意識をお持

ちの方がたくさんおりますけれども、我々も法律のプロとして、そうした第三者的なチェックということを考えていくということが大変重要ではないかと思っております。今、検討している準司法手続の中でも、こうした人事ローテーションの問題について、これからきちんと取り組んでまいりたいと思っております。課税当局の見解は、ちょっと時間がないということでご報告にはなりませんでしたけれども、課税当局の見解ということで通達等、透明性がない形で運営されているのではないかということについての問題、今、政府のほうからお話もあったかと思いますが、きちんとした形でコミットしていくということを根本から考えていきたいと思っております。

司会　続きまして、自由民主党の早川忠孝議員にご発言をお願いいたします。

政府・国会がその責任を果たしていくべき時期

早川忠孝
Chuko Hayakawa
衆議院議員（自由民主党）

　私は東京弁護士会の副会長をしておりましたときに、衆議院の議員に立候補させていただいて、2年10カ月ぐらい経過をしたということでございます。現在、自民党の副幹事長を務めさせていただいております。それから若手の会の関係でいえば、幹事長ということになっておりますが、この若手というのは、当選回数が若いのを若手ということでありまして、実は、年齢では最年長であります。

　4年間、自治省という役所に勤務した経験もあります。行政と司法の両方の経験から鑑みまして、今日の日弁連のシンポジウムが、行政サービス改革を求める緊急シンポジウムという名称を採用されたことは大変すばらしいことだと思っております。実は、公権力の行使ということが行政の本来の姿とすると、これはどちらかというと、法律的な安定性、あるいは公平性というものをどうしても第一に考えていきます。その結果どういうことになるかというと、結果的には、事なかれ、責任回避、あるいは先送りということが実はあるわけであります。行政サービスという名称を取り入れることによって、サービスを利用する国民、市民が、実は主体者だという観点が導入をされます。

　今日は多様なパネリストの皆さんから問題提起がありまして、私はこれをもっともっと深掘りをしていくべきではないだろうか。今日はその第1回目のシンポジ

ウムだろうと思います。世耕会長から大枠についての話がありました。総務省からも担当者の宮島さんからも話がありました。急激に制度改正の取り組みが進んでまいっております。小泉構造改革といったこの5年あまりの経過の前に、実は橋本6大改革という提言がありました。私は、現在の行政改革の大枠は、実は橋本行革がすべての端緒であり、その第1段階から第2段階を経由して、これから第3段階になろうかと思っております。

差し止め訴訟、団体訴権の話がありました。柴山議員から話がありましたとおり、消費者団体訴訟制度の導入が決定されました。次にあるのは、環境権をもとにしての環境保全のための差し止め請求が認められるかどうかといった議論が出てくるのではないかと。あるいは、独禁法の改正で、消費者の利益を守るための差し止め訴訟、こういったものがあり得るのではないか。これは、新たな権利を法律でもって認めるということだと思います。

ただ、今、我々が思っておりますのは、行政サービスの運用の実態の中でどんどん国民が主体となり、国民が参加をし、国民が納得できるようなサービスを実現する。そういったことに対して、政府あるいは国会が十分その責任を果たしていくべき時期になってきていると思っております。

官房長官が出席をされる予定だったということ自体が、私は大きな変革の流れ、役所が変わる、日本が変わるという、その流れを加速させるきっかけになるのではないかと思っております。本日のシンポジウムの開催に心から敬意を表したいと思います。

司会 続きまして、公明党の山口那津男参議院議員にご発言をお願いいたします。

「早く、わかりやすく、親切に」という課題に応えきれる行政改革であるか

山口那津男
Natsuo Yamaguchi
参議院議員（公明党）

公明党から唯一参加をさせていただきました山口那津男でございます。今日は、貴重なご意見、ご指摘を賜りまして本当にありがとうございました。すべての点についてコメントをしきれませんけれども、私の感想を思いつくまま、何点かコメントをさせていただきたいと思います。

今回、行政改革が大きなテーマでありまして、推進法もつくられたわけですが、

今日の課題であります、「早く、わかりやすく、親切に」という課題に応えきれる行政改革であるかどうか。これについては、忸怩たるものがありまして、むしろこの課題、テーマについてはもっともっとこれから深掘りし、継続的に取り組んでいかなければならないと認識しております。

政府調達と最適コストのあり方についての検討

　そして、その中でまず阿部さんのほうからご指摘いただいた点ですが、このPFIの実態から見てソフト面でのPFI化が遅れているというのは、非常に重要な指摘だろうと思います。ハードから出発しながらも、このハード面の活用すら、必ずしも十分とは言えない状況にあると思います。このPFIの効用の面では、資金負担を平準化するというところに最大の効用があるといたしますと、今の財政制度に大きな限界があると。これを打ち破るには、もっともっといろいろな工夫が必要だろうと思います。例えばハードの面で箱物だけではありませんで、自衛隊が護衛艦を調達しようとしますと、これは契約をして短期間でつくりきれませんので、今の会計法の限度で5年間の契約の中で、契約をするときは初年度契約をして総額を決める。そしてそれを歳出するのは、5年間にわたって、これを分割して歳出をしていくと。こういう利用の仕方をしておりますけれども、ここまでが精一杯なわけです。

　しかし、その耐用年数というところに着目すれば、私は別のあり方というのは、このPFIの考え方につながる考え方があり得るだろうと思います。その中で今、行政の調達の中で注目されているのは、ライフサイクルコストに着目をして、一番コストの低廉なものを選んでいこうという考え方であります。ここにやはり、このPFIに相通ずる調達のあり方というのが見出せるだろうと思うのです。実態の中で価格に重点が置かれすぎているとか、あるいは不要な作業が多すぎるとか、あるいは民間に過大な期待がありすぎるとか、このような点をもっともっと研ぎ澄ませた上で、この政府調達と最適コストのあり方について、もっと検討を深めるべきであろうと思っております。

消費者の選択に委ねるだけでよいのか

　次に、消費者の問題点ですが、私は、食品安全基本法の審議に直接かかわりました。そのときに、この食品安全委員会の構想を中心的に進められた方がいらっしゃいまして、参考人としていろいろとお聞きしました。その後、その安全委員会のメ

ンバーにその方は加わりましたけれども、この一連のBSEの問題の過程で途中で辞任をされてしまいました。いろいろな問題点があり、国民のみなさまにリスク負担が移るなかで最終的に今のような結論が出たということは、私は本来この食品安全基本法を設立した当時の理想からはやや離れているのではないかと思います。結果的に消費者の選択に委ねるということになってしまったわけでありますが、消費者の皆様は賢明な判断をされると思います。そうした動向をよく見合わせながら、今後の見直しの課題、あるいは運用の課題について改善を図るべきだと、私は思っております。

大都市特有の課題を絞り出す

それから、まちづくりの点でありますが、都市計画制度そのものというよりも私が最近感じていますのは、東京をはじめとする大都市特有の大きな課題というのは、全国的な考え方ともっと別にして、私は思い切った取り組みをする必要があると思います。例えば開かずの踏み切り、東京にはいっぱいあります。しかし、これをどう解消するかというのは、民間の事業者、そして国、さらには東京都、これらの役割分担というのがなかなかうまく調整がいきません。そして、それには周辺に住まいする方々の町づくりの観点も必要であります。それをもみ合っているうちに、あの竹の塚の事故が起きてしまうわけです。そういう中で、さあこれを解消しようということでいろいろな計画が持ち上がっておりますけれども、その財政負担と町づくりの合意を取り付けることと、その技術的な接点をつめること、非常に困難を極めている点があります。

さらに、スーパー堤防構想というのが、都市の大河川であるわけですが、これも河川管理をする部門だけではできませんで、堤防の外側にある町づくりと一体的になされなければなりません。ここでも国と東京都、あるいは地元の市区町村の連携と協力が必要になるわけであります。私はその問題に直面した住民のみなさんというのは、仕事や生活、人生をかけて取り組まなければならない。そうしたみなさんの立場に立てば、行政がもっと連携を密にして、スピーディにこの大きな問題を解決していく必要がある。そのためには、大都市特有の課題を絞り出して、新たな制度をつくる必要があるのではないかと、最近つくづく思っております。

自然保護と団体訴訟の構想

自然保護の問題でありますが、ここでは何が保護すべき自然なのか、環境なのか

というところの価値観を統一する。そこに非常に大きな課題があるだろうと思っております。それができる前提で、この団体訴訟の構想というものが、どの分野でも実現できる時代が来れば望ましいと思うわけでありますけれども、先の国会でできあがったものは1つのヒントでありますので、この問題に直接応用できるわけではありませんが、1つのヒントとしてその点の問題を結論へ向けて十分な検討が必要だろうと思います。

専門家の登用も選択肢の1つ

　さらに、税務の関係でありますが、私も弁護士時代に、税務訴訟あるいは不服申立て手続における代理人を何度かやったことがあります。そういう中で思っていますことは、この行政不服審査制度ができまして、その税務に関する当初の10年間というのは、かなり認容率というのは高かったのです。しかし、近年はそれが低下をしてきております。それは、税務行政が整ったせいなのか、あるいは申立て制度が機能しなくなってきたからなのか。いずれかよくわからないところがありますけど、私はこの手続の分野にもっと専門性と納得性を有する手続のあり方、そしてその審判官に税理士という専門家を登用することも、私は大きな選択肢の1つだろうと思いますので、ここはもっと活用する必要があると思います。

　現実に、例えば独禁法の分野で審判の手続がありますけれども、ここには公正取引委員会の専門家だけではなくて、最近は法曹界からどんどん人を入れて、その手続の納得性を得る、そういう改革がなされつつあるわけです。それから、行政の分野で調達、会計制度、これらの透明性を高める意味で、外部監査ということで公認会計士さんをはじめとする専門家をどんどん取り入れております。そうした意味で、この納得性を高める意味での税務の専門家が、この不服審査手続の中に入っていただくということは、大いに検討し、実現すべき課題だろうと思っております。

　ただ、これにちなんで一方で、先ほどの独禁法に戻りますが、経済界では、この独禁法の中での特別な手続、従来は専門性、技術性が必要だから、この準司法手続を発達させるべきだという考え方が普通だったのですが、最近、経済界は全部裁判所に委ねるべきであるとおっしゃっています。ここには今の現状の制度に対して、いくら法曹界から専門家を入れても、スピードや公正性の点で疑問が提起されており、その点では裁判所のほうがいいのだという話だろうと思います。

　ただ一方で、裁判所にそれだけのスピーディで専門性を持って運営維持できる備えがあるかというと、ここはまた別な疑問が残りますので、この点も含めての幅広

い論議が必要だろうと思っております。以上、気がついたままのコメントをさせていただきました。ありがとうございました。

司会 議員の皆さんのご意見をまだまだお聞きしたいところではありますけれど、時間の制約もありますので、ここで最後に、世耕議員から締めの発言をお願いできればと思います。よろしくお願いいたします。

真の三権分立の確立を

世耕弘成
Hiroshige Seko
参議院議員（自由民主党）

今回、本当にこのようにたくさんの皆さんがお集まりいただいて、行政サービス改革という観点から、いろいろ活発なご議論が行われたことを大変意義深かったと思っております。今日、私も遅れては来たのですけれども、もともとプレゼンテーションをいただく資料は事前に読んできておりまして、やはり今の日本の行政、改めなければならない部分というのがたくさんあると思っております。また、皆さんのプレゼンテーションの中でたくさん美しい国なんだという言葉も使っていただいておりまして、やはりそういう国をつくっていくためにも行政制度の改革というのは、ますますこれからも進めていかなければならないだろうと思っているわけでございます。

特に、今日お集まりの国会議員の先生方というのは、私以外は全員弁護士の資格を持っておられます。私は一国民でございまして、逆にユーザーの立場から、弁護士の先生というのは物事を難しく話をするのが本当にお上手な方々だと思っておりますけれども、私は一国民、使う側の国民としてどういうふうに使いやすい行政制度というのをつくっていくべきかという視点で、国民と行政を考える若手の会の代表として、また頑張ってまいりたいと思います。

実は、2年前の行政訴訟の大改革のときに、自民党の中でしっかりと改革を進めるべきだという立場で意見を言いますと、おまえはどうしたんだと、何か反動的な立場に立って、そういう人たちを応援するのかみたいなことを言われたわけですが、決してそうではないと反論したものです。私たちは純粋に、本当に困っている国民は困っているのだと、痛みを感じている国民が痛いから助けてくれと言っているときに、それを救えない司法や、あるいは行政や立法ではどうしようもないのではな

いかということで徹底的に戦ってまいりまして、自民党の中で、公明党さんともしっかりと連携をいたしましたけれども、与党が主導をしてかなり行政事件訴訟法の改正を前に進めることができたという成果を示させていただくことができました。

　我々がこれから考えていかなくてはいけないのは、本当の意味での三権分立だと思っています。日本の教科書を開ければ、小学生の教科書にも中学生の教科書にも、三権分立で、立法権と司法権と行政権がちゃんとバランスをしてありますと書いているわけですが、実態はそうではないと思います。行政権が非常に力が強いという状況だと思います。これでは、私は真の国民主権の民主主義国家ではないと思っています。立法がちゃんと行政をチェックし、そして立法が行政のための法律をしっかりと立法の意志でつくっていく。そしてまた、行政の行為について司法が事後的にチェックをしていく。そういう本当の意味での三権分立の時代というのを確立をしていかなければならないと思っております。それが長い長い先のほうになるかもしれませんけれども、それを1つのゴールとして、そしてこの行政をサービスとしてとらえるというのを1つのスタート点として、これからもっとわかりやすい行政というものを目指してまいりたいということを最後にお誓い申し上げまして、私からの締めということでございますが、ごあいさつとさせていただきたいと思います。本当にありがとうございました。

5　シンポジウムの総括

司会　それでは、以上で問題提起に対するコメントを終了いたします。どうもありがとうございました。

　続きまして、本日のシンポジウムの総括を、神戸大学大学院法学研究科の中川丈久教授にお願いいたします。

法制面における改善方法の体系的提案の必要性

中川丈久
Takehisa Nakagawa
神戸大学大学院
法学研究科教授

　本日、行政サービスのユーザー側、それからその管理あるいは改革をなさる立場

の方、両方からいろいろな課題が出されました。様々な課題がありますが、それを克服しようとすると、最後に、法律にいきあたります。本日の会合冒頭で、行政法制の改革をこれから進めたいという決意表明がございましたけれども、法制をどのように変えていくかというところが、非常に難しい問題であります。様々な改革は、法制をどうするかという後始末がきちんとできていないとうまくいきません。

25年にわたる一連の政府横断的な改革を振り返る

少し歴史的に、といっても25年ぐらいなのですけれども、1980（昭和55）年の第2次臨調から行政改革・地方分権・司法制度改革や、三位一体改革、社会保障制度改革等、そして「行政改革推進法」まで、25年にわたる一連の政府横断的な改革を振り返ってみますと、大きくふたつの流れで捉えられます。

第1は、「行政の簡素・効率化」「行財政のスリム化」を目指す動きです。社会保障や公共事業費の増大に伴う財政難の危機感をバネとするものであり、行政整理、行財政改革などと名称を変えつつ、現在の、「簡素で効率的な政府」を目指す「行政改革推進法」につながります。

その戦略は、行政事務の執行や財政支出における重複や無駄を発見し、監視を強めたり、民営化したりすることです。国鉄や3公社の民営化、行政管理制度（組織や公務員定員管理）や行政監察制度の導入、公共事業評価制度や政策評価制度の導入、特殊法人等改革、特別会計制度改革などが進められてきました。必ずしも政府横断的ではないかもしれませんが、社会保障制度改革（年金制度、医療制度）も、財政難への対応という点ではこちらの流れといえます。

第2は、「内外の社会・経済の変化への対応の模索」です。「中央省庁に権限が一極集中している」つまり中央省庁が社会のネットワークの中心にいる日本社会のあり方という、高度経済成長時代の統治モデルが制度疲労をおこし、大波のように押し寄せる新たな課題に対応できていないという認識に基づく、「統治のあり方」の改革です。第2次行革審あたりから顕著になった流れですが、小泉政権でよく使われる「構造改革」という言葉が語感的にぴったりします。

新たな課題とは、グローバル化した経済における競争の質の変化、高齢化社会——日本の場合は少子化も加わりますが——、地球的規模の環境破壊、技術進展によるリスク管理の難しさなど、おおくの国に共通する課題です。

このような構造改革のための戦略は、「もう中央省庁には任せられないから、その仕事を、別の者に任せるべきだ」という、「権限の再配分」です。「官から政へ」

という中央省庁改革、内閣機能強化、「国（中央省庁）から地方へ」という地方分権改革、三位一体改革、そして、「官から民へ」という規制改革、行政サービスの民間開放、郵政ほか政府系金融機関等の半官半民経済のあり方の見直し、さらには、「司法の活性化」としての司法制度改革などがあります。「中央省庁一極集中」＝「中央省庁が司令塔」という体制から、複数の者に権限を移す多極構造に移行させようとして、三権を含む政府全体、ひいては社会全体の構造の変革を求める大がかりなものです。

今後どうするのか

このようにふたつの流れがあるわけですが、今後どうするのか。改革疲れを指摘する声も出てきておりますが、2点が重要だろうと思います。

まず、「行財政のスリム化」の流れについては、これまで、スリム化に伴う行政サービス低下を避けるための「法制面での環境整備」が欠落していたように思います。

行政改革推進法で公務員削減の一層の推進が求められていますが、職員数が減っても、日常業務を適切にこなしながら、新たな企画立案をするだけの余力も残しておく必要があります。行政サービスを総体として低下させないためには、日常の執行業務の効率化を図るような「法制上の環境整備」が必要です。

驚かれるかもしれませんが、たとえば、法令違反者に行政が使用禁止などの命令を出しても、これを強制執行することができないという事態が、戦後の日本ではずっと続いております。命令する権限はあるが、無視する者に守らせる手段がないのです。そのため、わずかな額の罰金を裁判所が出してくれるのを待つか、行政指導と禁止命令を繰り返すしかなく、過度の行政執行コストがかかっています。

類似する問題ですが、国税・地方税・社会保険料の徴収事務の一元化なども避けて通れないことでしょう。また、少数精鋭の公務員体制に移行するような「環境整備」として、公務員法制も検討課題となります。公務員の身分保障をやめて、能力主義にするとともに、通常のスト権等を認めるという方向に行くのかどうかという問題です。公務員の種類によって様々だと思いますが、若手の専門職（弁護士、会計士等）をもっと雇用して数年後には民間に戻すという発想がもっと進められてしかるべきであるように思います。

次に、「構造改革」の流れの今後はどうでしょうか。実際に、「地方行政サービスの質の向上」「国家行政サービスの質の向上」「司法サービスの使いやすさの向上」

「より消費者ニーズにあった、競争力のある経済活動」という成果をもたらしている方向に動いているという実感が国民の側にないと、改革疲れを超えられません。そこで、これらの「構造改革」が今後、具体的にどのようなかたちの社会を目指すのかが明らかにされていなければなりません。共通了解が必要です。その共通了解をもって、構造改革の成果や目標をどこに置き直すべきか、これまでの行革、地方分権改革、司法制度改革等を、これから包括的にどう深化させる必要があるかがみえてくるのではないでしょうか。

これまでの改革で得られた「権限の再配分」が、生き生きとした日本社会の再生につながるという展望を示さなければならないわけですが、そのような社会のあり方の指標（メルクマール）として、ここでは3点を挙げてみます。いずれも、ごく当然のことだと思いますが。

第1に、「競争によるイノベーションに満ちた社会」という、これまで規制改革が目指してきた価値観です。多くの人が自由にアイデアを出す、刺激に満ちた社会でなければ、グローバル化した経済に生き残ることは不可能です。いわゆるジャパニメーションを考えるとわかりやすいと思います。

ただその際、競争の公正さを保つ法制――いいかえれば、違反者に対する十分な制裁――がなければ、単なる無法地帯化であり、かえって国民の間の不公平感、格差感を増し、イノベーションどころか、競争意欲をそぐこととなってしまいます。日本では、ルール違反者に対して社会が納得するような制裁が課される法制（たとえば、犯罪行為によって得た利得以上の金銭をとりあげることで、"やりどく"を防いだり、被害者に配分したりする制度）がまったく不十分であり、立法上の課題となっているところです。実際に、独占禁止法や金融行政一般、環境規制一般などで、こうした課徴金なり制裁金なりの制度の立法は、規制改革の深化として進められるべきものだと考えられます。

また、競争は、民間事業者のあいだだけでなく、政府間・政府内の競争にも拡大すべきではないでしょうか。たとえば、道州制の導入による道州間の政策競争です。地方分権により、事務や権限が来ても、法律や政省令がすべてルールを決めていれば、地方の創意工夫は望むべくもありません。法律の大綱化、そのための道州制の導入などが求められるゆえんです。地方分権改革をこの方向で深化させる必要があるわけです。

第2に、「敗者が復活できる社会」の仕組みが必要であることも、これまた言うまでもないと思います。競争には勝者と敗者がおり、敗者がいるおかげで競争が成

り立っている。敗者へのセーフネットがなければ、競争自体が維持されないわけです。途中で方向転換ができるような雇用体制や、教育体制の構築が課題となります。

　第3に、こうした社会において政府は、どのような地位を占めるべきでしょうか。

　「競争によるイノベーションに満ちた社会」においては、政府が競争をねじ曲げることがないよう、政府は公正中立な立ち振る舞いに注意しなければなりません。「敗者が復活できる社会」においては、政府は国民のニーズを理解してそれに対応することが求められます。政府は、公正中立さやニーズ理解において、国民から信頼されなければならず、そのための仕組みを法制的に整備する必要があるわけで、これらを一言でいえば、「オープンな（社会に開かれた）政府」ということになるでしょうか。

　具体的には、政府のうち行政部門は、行政手続制度や行政不服審査制度の見直しを、こうした観点から深化させる必要があります。公正中立とするためには、行政内部に中立者を抱え込む必要があり、たとえば準司法的手続の強化、行政不服審査制度の質的変換の工夫（民間審議委員を入れた諮問機関の設定など）が考えられます。

　司法部門については、立法や行政に対する司法審査制度の存在が、法令や行政を、国民から遊離させず、国民に近しい存在に引き留める手段になっていることが重要です。そこで、たとえば行政訴訟制度改革の積み残し課題を、早急に詰めきることが必須でしょう。行政訴訟改革は、いくつかの重要な方向転換を打ち出しましたが、その方向で裁判実務が動くために必要な関連の法制度整備が行われておらず、現状では裁判実務が混迷しかねません。そうなると、せっかく苦心して得た行訴法改正なのに、その成果が十分に期待できなくなってしまいます。具体例は、専門的になってしまいますが、処分性の明確化、不服申立前置主義の廃止、都市計画訴訟制度の創設などといった個別法上の手当て、原告適格拡大と客観訴訟の関係や、抗告訴訟と当事者訴訟の関係といった行政訴訟制度の構造の明確化、などです。

　また、行政は、法律に基づく命令だけでなく、金銭的手法（補助金・委託契約等）をも用いて、社会に働きかけています。金銭的手法は、弱者を助けるには有効ですが、同時に、自由な競争をゆがめることもあり、両刃の剣です。国から地方への補助金が、地方の自立や競争感覚をなくさせている原因であることを想起されると、わかりやすいと思います。そこで、金銭的手法面での政府の信頼性確保のための法

制整備が必要となるわけです。国の補助金については、1975年に補助金適正化法が制定されて以来、目立った法制整備の動きがありませんし、契約締結についても、国・地方の両方で入札原則主義の空洞化が進んでいます。今後、これらの法制の遅れを包括的に見直すとともに、事後的なチェック方法として、会計検査院の活性化や、それを確保するための争訟制度の導入の検討が必要となるでしょう。

　以上、多くのことを早口で述べました。これらの法制改革は部分的には難しく、相互に関連するので包括的に進める必要があります。そこで、改革全体の司令塔となる組織（たとえば、構造改革戦略会議・行政スリム化戦略会議）を置くことは必要としても、それを法制改革という次元で具体的に実現するためには、これまでになく豊かな想像力をもって、法制面の改善方法を体系的に提案することが必要です。そこで、司令塔的組織とは別に、法制面での諮問的機能を果たす組織を別に置く必要があるように思います（たとえば、行政法制審議会）。このような組織については、アメリカのACUS（合衆国行政会議）が参考になるところです。

　以上、勝手なことを申しましたが、行政法制を研究してきた者として、行政改革ないし構造改革と法制改革の今後について、思うところを述べさせていただきました。ご静聴、誠にありがとうございました。

司会　どうもありがとうございました。本日、配付した資料の中にアンケート用紙が入っておりますので、今後の参考にしますので、ぜひご記入、ご提出方をお願いします。

　それでは最後に日弁連行政訴訟センターの斎藤浩委員長から、閉会のあいさつを申し上げます。

斎藤　今日はお忙しいところ、問題提起の先生方、そして議員の先生方、役所の方、そして中川先生、本当に内容の濃い議論をしていただきましたことを心から感謝いたします。

　2つのことを申し上げて終わりにしたいと思います。「若手の会」の提言も、日本弁護士連合会の2つの提言も、公明党さんの提言も自民党さんの提言も、すべて内閣の所要のところに力のある組織を設けてほしいということを言っていただいておるわけでありまして、ぜひ（2006年）10月ぐらいに新しい内閣でぜひこれをお考えいただきたいというのが、今日の1つのテーマでございました。

　2つ目は、日弁連でございますが、今日は官邸やその他与党の枢要な方ばかりに来ていただいておりますが、新しい政権が誕生したらそれを批判もする方々からの

お考えも聞かなければならないと思っておりまして、10月5日には今度は野党の先生方にお集まりいただきまして、これほど大きな規模になるかどうかはわかりませんが、ご意見をお聞きしたいと考えております。今日は本当に内容の濃い議論をしていただきましたことを感謝いたします。これをまとめまして、出版に結びつけたいと思っておりまして、多くの会員や国民の方々に送り届けたいと思います。

　本当に今日はありがとうございました。参加者の皆さん、ありがとうございました。

司会　それでは以上で本日のシンポジウムを終了いたします。どうもありがとうございました。

（了）

シンポジウム発言者プロフィール

阿部一正 (あべ・かずまさ)

新日本製鐵株式会社参与・知的財産部長。
1971年、東京大学法学部公法学科卒業。同年、新日本製鐵（株）入社。産業構造審議会知的財産政策部会特許制度小委員会委員、司法制度改革推進本部知的財産訴訟検討会委員、(財) 日弁連法務研究財団認証評価検討委員会委員、日本知的財産協会副理事長、東京弁護士会市民会議委員、日本経団連知的財産委員会委員、(社) 発明協会東京支部理事等多数歴任。主な著書・論文に「高度成長と商法」ジュリスト1155号（1999年）、『図解でわかる部門の仕事　新版法務・知的財産部』（日本能率協会マネジメントセンター、2006年）など。

神田敏子 (かんだ・としこ)

全国消費者団体連絡会事務局長。
1986年～1996年、生活協同組合さいたまコープ理事。この間、日本生活協同組合連合会全国商品活動委員他兼務。2001年から、全国消費者団体連絡会事務局。2002年から、全国消費者団体連絡会事務局長、現在に至る。内閣府国民生活審議会、食品安全委員会・リスクコミニュケーション専門調査会、食育推進会議、厚労省薬事・食品衛生審議会、農水省食料・農業・農村政策審議会など、各種審議会委員を兼務。

稲垣道子 (いながき・みちこ)

都市計画コンサルタント・立教大学大学院法務研究科兼任講師。
1969年、東京大学工学部建築学科卒業。現（株）日本設計勤務の後、1989年、都市計画コンサルタントとして独立、都市政策、景観計画、市民啓発等に携わる。マンション紛争事例にもとづく研究会活動の報告書（『もめごとのタネはまちづくりのタネ』、2005年12月、もめタネ研究会）の作成に尽力。元日本建築学会建築法制委員長。前東京都景観審議会委員、現在、鎌倉市景観審議会会長、東京都開発審査会委員等。

草刈秀紀 (くさかり・ひでのり)

(財) 世界自然保護基金（WWF）ジャパン自然保護室次長。
1981年、日本大学農獣医学部拓殖学科卒業。(財) 日本自然保護協会の嘱託職員などを経て、1986年、WWFジャパン入局。愛知万博検討会議（海上地区を中心として）委員、千葉県ちば環境再生基金助成部会委員、東京都東久留米市環境基本条例検討会委員、京都府絶滅の恐れのある野生生物の保全制度に関する研究会委員、日本環境災害情報センター（JEDIC）理事、野生生物保護学会理事など多数歴任。自然保護をめぐる論考など多数。

杉田宗久 (すぎた・むねひさ)

日本税理士会連合会常務理事調査研究部長。
1955年、大阪生まれ。1977年、京都大学経済学部卒業。民間企業勤務を経て、1990年、大阪市西区にて税理士事務所開設。2004年より、日本税理士会連合会常務理事調査研究部長として、税制改正意見の取りまとめを行っている。

中川丈久 (なかがわ・たけひさ)

神戸大学大学院法学研究科教授。
専門は、行政法・憲法（統治機構）・アメリカ公法。法学博士（東京大学）。1986年、東京大学法学部卒業。1993年、神戸大学法学部助教授。1994年～1996年、

コロンビア・ロー・スクール客員研究員。1999年から、現職。主な著書に『行政手続と行政指導』(有斐閣)等。行政改革推進本部・特殊法人情報公開検討委員会・参与、司法制度改革推進本部・行政訴訟検討会・外国法制委員、知的財産戦略本部・権利保護基盤の強化に関する専門調査会・委員等を歴任。現在、財務省・関税・外国為替等審議会(関税分科会)専門委員、経済産業省・輸出入取引審議会・企画調整部会委員等多数。

柴山昌彦 (しばやま・まさひこ)

衆議院議員(自由民主党)。
1965年、愛知県生まれ。1990年、東京大学法学部卒業。同年住友不動産株式会社入社、社長室仮配属。1991年同社を退社(当時調査室)。1998年、司法試験合格。1999年司法研修所入所。2000年、司法修習終了、弁護士登録(東京弁護士会)。2004年、衆議院議員補欠選挙にて初当選。

世耕弘成 (せこう・ひろしげ)

参議院議員(自由民主党)。
1962年、大阪府生まれ。1986年、早稲田大学政治経済学部政治学科卒業。同年、日本電信電話株式会社入社。1996年、同社広報部報道担当課長。1998年、参議院和歌山県選挙区補欠選挙に初当選。現在、内閣総理大臣補佐官。

早川忠孝 (はやかわ・ちゅうこう)

衆議院議員(自由民主党)。
1945年、長崎県生まれ。1968年、司法試験合格。1969年、東京大学法学部卒業。同年自治省入省。1975年、弁護士登録後、日本弁護士連合会司法制度調査会委員、同自然災害に対する保障制度検討小委員会、関東弁護士会連合会人権擁護委員長など歴任。2003年、東京弁護士会副会長就任。2003年、衆議院議員選挙にて初当選。現在2期目。法務委員会理事、憲法調査特別委員会委員等を務める。

牧原秀樹 (まきはら・ひでき)

衆議院議員(自由民主党)。
1971年、東京都生まれ。1994年、司法試験合格。1995年、東京大学法学部卒業。1997年、弁護士登録。2002年、ニューヨーク州弁護士登録。2003年、経済産業省通商政策局通商機構部入省。2005年、経済産業省通商政策局通商機構部退職。同年、衆議院選挙に埼玉5区から立候補、比例区北関東ブロックで初当選。

山口那津男 (やまぐち・なつお)

参議院議員(公明党)。
1952年、茨城県生まれ。1978年、東京大学法学部卒業。1982年、弁護士登録(東京弁護士会)。1988年、日弁連調査室嘱託。1990年、衆議院議員初当選。1993年、防衛政務次官。2001年から参議院議員。現在、公明党政調会長代理。

宮島守男 (みやじま・もりお)

総務省大臣官房参事官。
1954年、新潟県生まれ。1979年、早稲田大学政治経済学部卒業。同年、行政管理庁入庁。1984年、総務庁。2001年、総務省。

●日弁連との意見交換会参加議員からのコメント

新しい時代にふさわしい行政法制度を

江田五月
Satsuki Eda
参議院議員（民主党）

　司法制度改革審議会では、当初は行政訴訟改革はテーマに取り上げられていませんでした。審議の過程で、これも大きな問題点であることは意識されましたが、本格的な改革方向を示すには時間が足りず、問題点の指摘だけに留めることになりました。民主党は既にこの段階で2001年4月に、司法制度改革ワーキングチーム座長の私の名前で、訴えの利益や当事者適格などのほか、行政の優越性を柱にした「行政法総論」を俎上に上げて、「抗告訴訟」の体系を根本から見直すよう、提言しました。

　司法制度改革推進本部になって、行政訴訟についても検討会が立ち上げられ、一応本格的に改革に取り組むことになりました。そして2年前、行政事件訴訟法改正が実現しました。特例法から「特例」がとれたのが1962年ですから、実に42年ぶりの画期的な改正であり、司法のチェック機能に大きな期待をかけ、裁判所を激励し督促する立法だったのです。裁判所もそれに応えるように、2つの大法廷判決で意気込みを示しています。

　しかし、もともとこの改正は、はじめから意図し企画されていたものでないので、不十分な点がありました。私からみると、行政の優越性は相変わらず柱になっており、国民主権のもとで、それを司法が代行して、国民の立場から行政に対して司法チェックを働かせるというには、足りないところが多すぎるものでした。国民主権が三権分立の壁に阻まれ、行政の「聖域」に切り込むことが十分でないのです。ですから今、日弁連が行政法制度改革の第2弾として、公金検査訴訟制度の創設などに取り組まれていることは、大変心強く大切なことだと思っています。

　自民党の中にも、行政法制度改革の必要性を理解している若い議員がいます。この皆さんが、安倍政権の中枢に起用されていることは、大変重要なことだと思います。2006年10月26日の参議院法務委員

会で、私が長勢法務大臣の所信に対する質疑に立ち、行政各部を統括する要役の官房長官を法務大臣が督励して、第2弾の改革を進めるように求めました。この改革に対する野党の熱意を問う向きもあるようですが、心配いりません。私たちは、いわば「ダマテン」です。いつでも状況に対応する用意が整います。行政不服審査法の改正も、機が熟しつつあるようです。行政手続改革も含め、新しい時代にふさわしい行政法制度を完成させるため、全力を尽くすことを誓います。

(えだ・さつき)

Profile

江田五月 Satsuki Eda
1941年、岡山県生まれ。1966年、東京大学卒業。1968年、東京地方裁判所判事補任官後、1977年まで、千葉、横浜地裁判事補を歴任。1977年、参議院議員に初当選。2004年から、参議院「民主党・新緑風会」議員会長。現在、参議院議員（民主党）

● 日弁連との意見交換会参加議員からのコメント

さらなる行政改革の必要性

仁比聡平
Souhei Nihi
参議院議員（日本共産党）

日本共産党は、2004年の行政事件訴訟法改正に賛成しました。
　それは、原告適格の拡大、義務付け訴訟・差し止め訴訟の法定化と確認訴訟の明記、仮義務付け・仮差し止め制度の新設、出訴期間の延長などの改正点を「一歩前進」と評価したからです。

　しかし、これで行政と行政訴訟をめぐる根本の問題が解決したものではもちろんありません。国民の権利救済手段として、また国民による行政に対する厳しい監視とチェック手段として、行政訴訟制度を国民がどう活用できるのかという点で大きな課題が残されています。まして三権分立、とりわけ司法と行政のあり方をこれからの日本社会のあり方に照らしてどうするべきなのかという根本問題についてはなおのことです。

　2005年秋の日弁連シンポをみても、行政をめぐる問題が今日の政治の行き詰まりと表裏一体の問題に他ならないこと、行政法学の上でも従来の伝統的・基本的な概念が随分変容を迫られていることに強い印象を受けました。

　私はそのような思いから、日弁連の「行政法制度に関する第二次改革の要望書」（2005年10月18日）をはじめとした問題提起を正面から受けとめ、超党派の合意形成や内閣の改革審議会の設置などの実現に努力したいと思います。

　多くの政治家にとって、訴訟の現場は縁の遠いものです。それだけに国民の権利行使を閉ざしているものが何であり、その訴訟の仕組みそのものを変えることが憲法と民主主義の要請であることをわかりやすく示すことが求められているように思います。

　例えば、日弁連から具体的な提言がなされている公金検査請求訴訟・国民訴訟についてみると、この間顕著な成果を上げてきた市民オンブズマン運動に照らしても、情報公開法が活用され始めたのに自治体に対する住民訴訟にあたる国民訴訟制度がないのは行政の監視のあ

り方として画竜点睛を欠くことは明らかだと思います。それは議会（国会）による監視とは異なる国民一人一人の権利として具体化されるべきものです。

その実現への世論を喚起する上でも、これまでの住民訴訟の活用による成果を大いに各界各層に伝えるとともに、例えば談合事件における国の損害賠償請求の不行使がどれほどの具体的損害を国民に与えているかなど、行政の歪みとそれをただす国民訴訟制度の可能性と力を示す日弁連の取組に期待しています。

そのような取組が、裁量統制の改革や弁護士費用の片面的敗訴者負担制度の実現など、さらなる行政法改革の必要性を鮮明にするのではないでしょうか。

(にひ・そうへい)

Profile

仁比聡平 Souhei Nihi
1963年、福岡県生まれ。1992年、京都大学法学部卒業。1991年司法試験合格。1994年司法修習修了、福岡県弁護士会登録、北九州第一法律事務所入所。民刑事、家事事件とともに不当解雇など労働事件、行政事件を担当。市民オンブズマン北九州初代事務局長。2004年、参議院議員に初当選。現在、国対副委員長、予算委員、法務委員、憲法特別委員、災害対策特別委員など。

●日弁連との意見交換会参加議員からのコメント

行政訴訟の次なる改革に向けて

近藤正道
Masamichi Kondou
参議院議員（社民党）

2004年、行政訴訟法の一部改正が行われ、重く困難な行政訴訟の扉が、ほんの少し開き、そして軽くなりました。さらに5年後の見直しに向け、積み残した課題の実現に向け、日弁連の皆さんが提言をつづけておられることを心から歓迎します。

しかし全体としてみれば、この国は依然として官僚が強大な力を持ち、行政の優位が国民の意識の奥深くにまでしみこんでいます。法の支配は行政の前で躊躇し、行政過程への国民の参画にはなお厚い壁があり、日弁連の皆さんの鋭敏な感覚に比べ、政治の世界は、はるかに鈍感です。課題の実現にはなお相当の努力が必要であると実感しています。

そうであっても憲法の理念に照らせば、日弁連の提言は当然すぎるほど当然であり、論理的に十分に理解ができ納得できるものです。裁量統制の改革や行政立法・計画に対する争訟手続の整備については、具体的事例に即して考えれば、十分に国民の理解を得ることができます。

最近の在外投票制度に関する最高裁判決は、行政裁量の改革に向け大きな展望を与えてくれました。団体訴訟についても、昨（2005）年の通常国会で消費者団体訴訟が創設され風穴があきました。さらに公金検査請求訴訟に至っては、すでに住民訴訟として、自治体レベルでは完全に定着し、官官接待や談合、各種公金の不正使用などをチェックし摘発する武器として威力を発揮しています。何故、自治体にあって国にないのか不思議でなりません。これら制度の創設は、この国の形を変え、法の支配や国民主権の具体化にとって画期的なものとなります。

一方、霞ヶ関の官僚たちが、こうした制度の創設を歓迎しないことは明らかです。また国会議員にとっても、かなりの皆さんの本音は、「国会議員が権限を持っていればよい」、「オレの島ウチを荒らすな」

意識ではないでしょうか。情報公開を徹底させ、国民が力を持つことが、国会の活性化につながるとの観点、国会議員の意識改革も必要ではないでしょうか。

　そして税金のムダ使いが後を絶たない中、国民の納税者意識に働きかけ、突破口として公金検査請求訴訟の創設にマトを絞り国民運動を展開したらどうでしょうか。日弁連は貸金業規制法改正を成功させた実績があります。「憲法改正国民投票法案に異議あり」のパンフはすばらしいものでした。こうした蓄積、ノウハウを活かし、地方自治体の場合と比較しながら、マスコミとも連携をはかり、具体的事例に即し、分かりやすく制度の創設を訴えて下さい。そうした国民的運動の中で、「行政諸法制改革会議」の設置や、法の見直しに向けた具体的歩みが見えてくるのではないでしょうか。その実現のために私も頑張ります。

（こんどう・まさみち）

Profile

近藤正道 Masamichi Kondou

1947年、新潟県生まれ。1969年中央大学法学部法律学科卒業。1977年新潟市で弁護士開業、働く人々や、女性、中小業者、農民、住民の権利に関する裁判を手がける。市民の法律相談にも積極的に応える。
1987年より2004年まで新潟県議会議員に5期連続当選。この間、新潟県議会・環境問題対策特別委員会委員長、同県監査委員等を歴任。2004年、参議院議員に初当選。現在憲法調査会委員、法務委員会委員、行政監視委員会委員、ODA調査特別委員会委員。

行政サービスに関するヤフーアンケート結果

[アンケートの概要]
アンケート実施日時：2006年7月21日〜7月25日
回答数：1227件

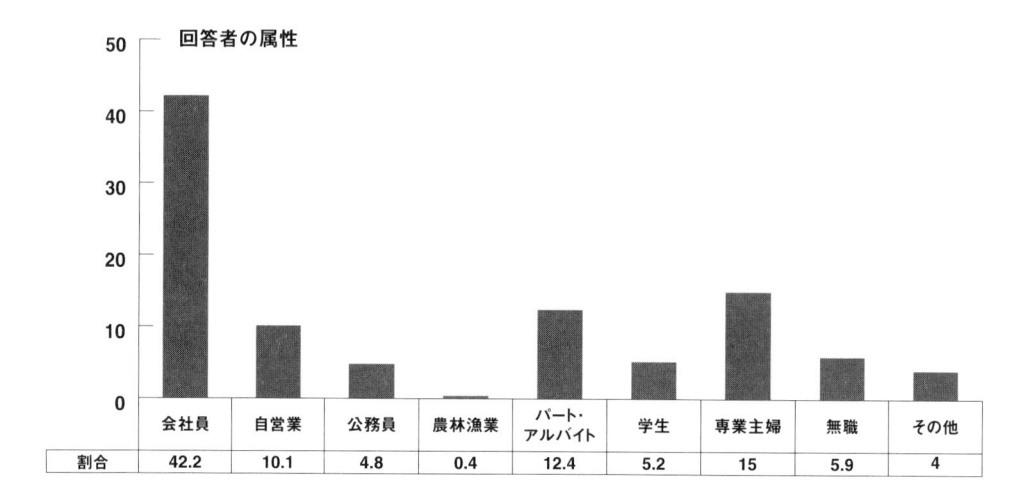

回答者の属性

	会社員	自営業	公務員	農林漁業	パート・アルバイト	学生	専業主婦	無職	その他
割合	42.2	10.1	4.8	0.4	12.4	5.2	15	5.9	4

Q1

以下の行政サービスに関する各項目について、あてはまるものをそれぞれお選びください。

① 担当者の対応が悪い
② 受付（窓口）時間が短い
③ 対応に時間がかかりすぎると感じる
④ 手続に無駄な作業がある

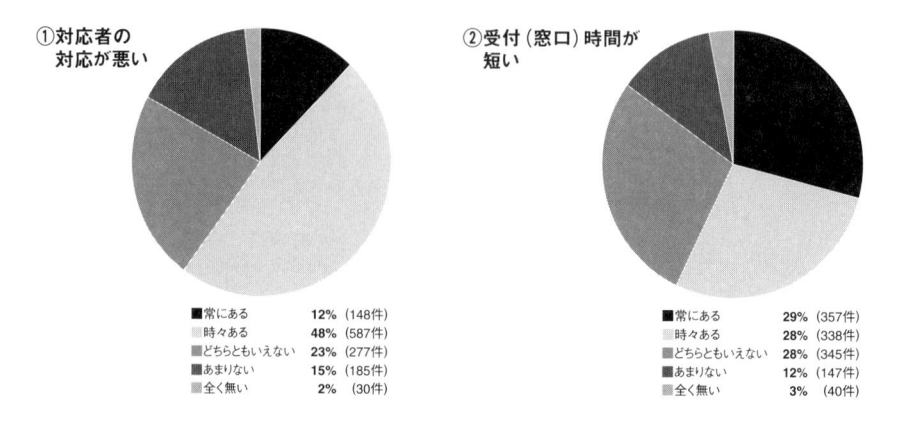

①対応者の対応が悪い

- 常にある　　　　12%　（148件）
- 時々ある　　　　48%　（587件）
- どちらともいえない　23%　（277件）
- あまりない　　　15%　（185件）
- 全く無い　　　　2%　（30件）

②受付（窓口）時間が短い

- 常にある　　　　29%　（357件）
- 時々ある　　　　28%　（338件）
- どちらともいえない　28%　（345件）
- あまりない　　　12%　（147件）
- 全く無い　　　　3%　（40件）

③対応に時間がかかる

■ 常にある	22%	(266件)
□ 時々ある	40%	(495件)
■ どちらともいえない	24%	(297件)
■ あまりない	12%	(147件)
■ 全く無い	2%	(22件)

④手続に無駄な作業がある

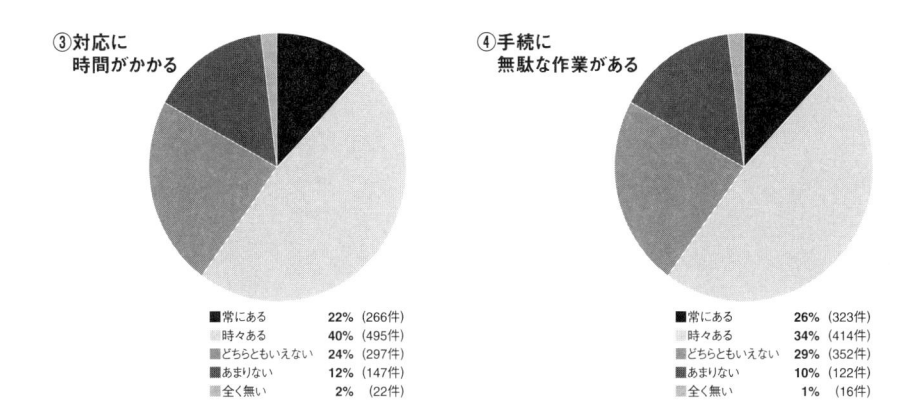

■ 常にある	26%	(323件)
□ 時々ある	34%	(414件)
■ どちらともいえない	29%	(352件)
■ あまりない	10%	(122件)
■ 全く無い	1%	(16件)

Q1で「常にある」、「時々ある」と答えた方にお聞きします。

Q2

それはどのような行政窓口で、どのような相談や申請をしたときでしたか。
●回答総数（2928件）における主な回答のご紹介

(1) たらい回し
　たらい回し、たらい回しが多すぎる、たらい回しにされた、窓口めぐり、スタンプラリーのよう、など（28件）

(2) 遅い
　スピード感がない、待たせすぎ、仕事がすべてにおいてのろい、とにかくすごく待つ、市民を待たせることに罪悪感がない、など（24件）

(3) 非効率
　効率が悪い、もっと時間短縮できるのでは、同じ手続の繰り返しで手間がかかる、民間ではありえない作業が多い、申請書類が多すぎる、手際が悪いなど（16件）

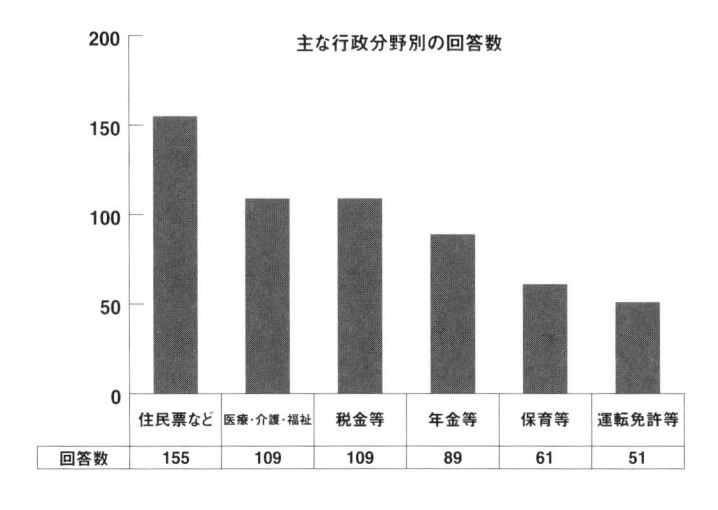

主な行政分野別の回答数

回答数	住民票など	医療・介護・福祉	税金等	年金等	保育等	運転免許等
	155	109	109	89	61	51

行政サービスに関するアンケート結果

Q3 不満や疑問に感じた事を、弁護士に相談しましたか。

- はい　1%　(7件)
- いいえ　99%　(1017件)

Q4 行政サービス全体に満足していますか。

- 非常に満足している　1%　(10件)
- 満足している　12%　(142件)
- どちらともいえない　51%　(638件)
- 不満である　27%　(329件)
- 非常に不満である　9%　(108件)

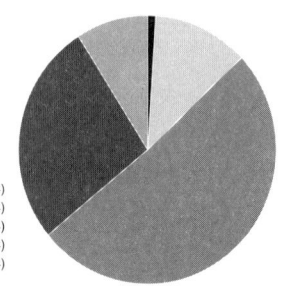

Q5 行政サービスに不満がある場合、不服の申立や裁判ができる場合があることを知っていますか。

- はい　22%　(267件)
- いいえ　78%　(960件)

Q4で「不満である」、「非常に不満である」と答えた方にお聞きします。

Q6 行政サービスを変えるにはどうすればよいと思いますか。

●主な回答の紹介（総回答数437件）

・公務員の意識改革が必要
・行政内にオンブズマンでなく監視機関を設けて欲しい
・各行政TOPの利権行為を監視する別な仕組みが必要。もっと行政の中身をオープンにすること。PDCのサイクルで徐々に良くしていける仕組みを行政にも採用すべき。
・訴訟制度があってもその費用、時間は補償されない。
・行政改革などの掛け声だけでは改善はない。
・民間会社のようにCS向上に努めるべき。
・民間のチェック機関、査定、ランク付け
　その他多数

行政不服申立制度に関する アンケート結果 (中間報告)

[アンケートの概要]
アンケート実施日時：2006年6月1日〜7月31日
回答数：198件
対象：全弁護士

Q1
あなたは、行政処分等に対し、異議申立・審査請求その他の不服申立を行ったことがありますか。

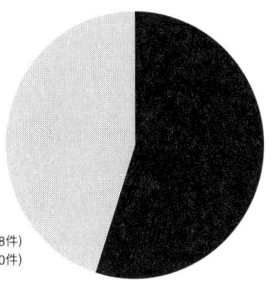

- ある　55%（108件）
- ない　45%（90件）

Q2
不服申立の審理手続について問題と感じた事例はありますか。

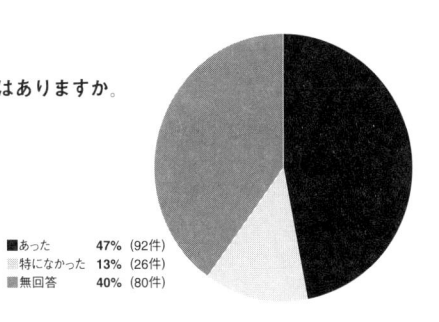

- あった　47%（92件）
- 特になかった　13%（26件）
- 無回答　40%（80件）

Q3

「あった」と答えた方は、どのような問題を感じましたか。
問題点は下記の選択肢からお選び下さい。(複数回答可)

a 結論まで時間がかかりすぎる
b 審理に慣れていないせいか手続がもたついた
c 審理の進行状況がわからない
d 処分庁が申立人の主張をどう考えているかわからない
e 処分庁の有している資料の内容がわからない
f 原処分の根拠がわからない
g 審理担当者の中立性に問題がある
h 口頭の意見陳述が形骸化している
i その他

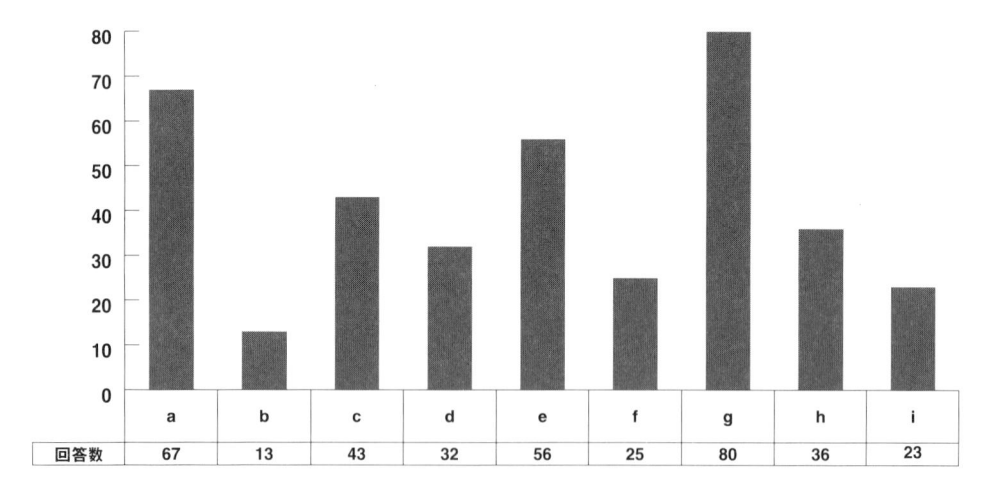

	a	b	c	d	e	f	g	h	i
回答数	67	13	43	32	56	25	80	36	23

Q4

不服申立に対する決定や裁決が、その後の裁判により覆されたり、客観的事実に照らして誤りであった事例がありますか。

- ある 20% (40件)
- ない 42% (82件)
- 無回答 38% (76件)

Q5

「ある」と答えた方は、どうして誤りが発生したと思いますか。
下記の選択肢からお選び下さい。(複数回答可)

a 法的能力が欠けている
b 第三者が審理していない
c 片手間仕事で専門性や経験に欠けている
d その他

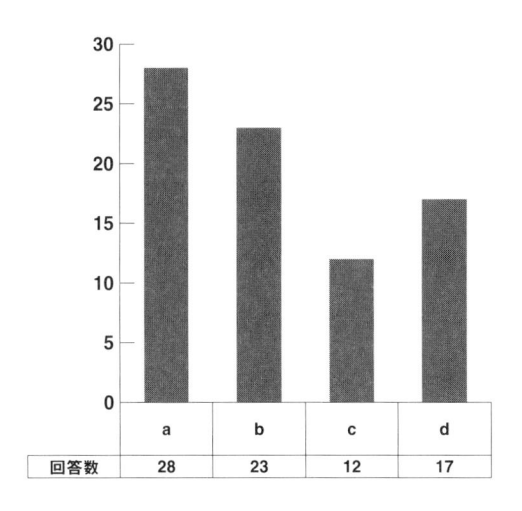

	a	b	c	d
回答数	28	23	12	17

Q6

行政不服審査法を改正すべきだとお考えですか。

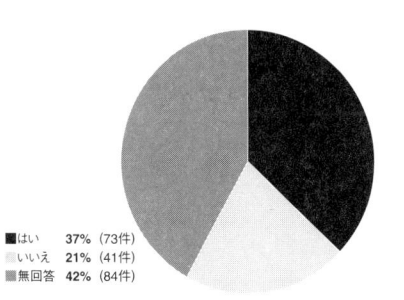

- はい 37% (73件)
- いいえ 21% (41件)
- 無回答 42% (84件)

```
日本弁護士連合会
　　　〒100-0013　東京都千代田区霞が関1-1-3
　　　　　　　　　電話　03-3580-9841
```

GENJINブックレット53

役所が変わる！日本が変わる!!
早い、分かりやすい、親切な行政を

2007年4月30日　第1版第1刷

編　著	日本弁護士連合会
発行人	成澤壽信
発行所	株式会社 現代人文社

　　　〒160-0016　東京都新宿区信濃町20　佐藤ビル201
　　　振　替　00130-3-52366
　　　電　話　03-5379-0307（代表）
　　　FAX　03-5379-5388
　　　E-Mail　hensyu@genjin.jp（代表）
　　　　　　　hanbai@genjin.jp（販売）
　　　Web　http://www.genjin.jp

発　売	株式会社 大学図書
印刷所	株式会社 ミツワ
ブックデザイン	Malpu Design（渡邉雄哉）

検印省略
PRINTED IN JAPAN　ISBN978-4-87798-336-9　C0036
©2007　NIHONBENGOSHIRENGOUKAI

本書の一部あるいは全部を無断で複写・転載・転訳載などをすること、
または磁気媒体等に入力することは、法律で認められた場合を除き、
著作者および出版者の権利の侵害となりますので、これらの行為をする場合には、
あらかじめ小社また編集者宛に承諾を求めてください。

行政法制度改革で、わたしたちは何をなすべきか

GENJINブックレット 51

発売中

第2ステージの行政訴訟改革

日本弁護士連合会［編］

はじめに
　日本弁護士連合会会長　平山正剛

基調講演
　行政法制度改革の基本的な視点
　　小早川光郎　東京大学教授

パネルディスカッション
　行政法制度改革で積み残された課題
　　パネリスト
　　　阿部泰隆　　中央大学総合政策学部教授、弁護士
　　　安念潤司　　成蹊大学法務研究科教授、弁護士
　　　塩崎恭久　　衆議院議員（自由民主党）
　　　江田五月　　参議院議員（民主党）
　　　山口那津男　参議院議員（公明党）
　　　若林誠一　　NHK解説委員
　　コーディネーター
　　　斎藤浩　　　日本弁護士連合会
　　　　　　　　　行政訴訟センター委員長

資　料

定価945円（税込）
A5判・68頁・並製
ISBN4-87798-302-3 C0036
発行：現代人文社（発売：大学図書）

今後の国民と行政のあるべき姿を考える。

2001（平成13）年の司法制度改革審議会意見書、同年の司法制度改革推進法をうけ、内閣府に司法制度改革推進本部が立ち上げられ、11の検討会が設置された。そのなかの一つである行政訴訟検討会は、多くの成果を上げ、2004（平成16）年の行政事件訴訟法の改正に結実した。いま司法制度改革は実行の時期に入っているが、まだ手つかずに置かれている諸課題も多数存在する。行政法制の分野においてはその残された諸課題を「第2ステージの改革」、「第2次改革」と呼んで、粘り強い改革の模索がおこなわれている。